高等学校会展经济与管理专业
本科系列教材

奖励旅游策划与组织

（第2版）

主　编　孙晓霞
副主编　孙娈娈

重庆大学出版社

内容提要

本书以奖励旅游活动为主线,从宏观到微观对奖励旅游进行了全面介绍。在宏观上阐述了奖励旅游概述、奖励旅游的发展历程、奖励旅游的市场需求和供给分析;在微观上阐述了奖励旅游的策划、市场营销及组织管理。书中运用了大量的资料链接,扩展了奖励旅游的知识丰富度,适合高等学校会展经济与管理专业的学生以及会展行业的相关人士使用。

图书在版编目(CIP)数据

奖励旅游策划与组织／孙晓霞主编. -- 2 版. -- 重
庆：重庆大学出版社,2023.8
高等学校会展经济与管理专业本科系列教材
ISBN 978-7-5689-3761-0

Ⅰ.①奖… Ⅱ.①孙… Ⅲ.①旅游业—策划—高等学
校—教材 Ⅳ.①F590.1

中国国家版本馆 CIP 数据核字(2023)第 037558 号

高等学校会展经济与管理专业本科系列教材
奖励旅游策划与组织
(第 2 版)

主 编 孙晓霞
副主编 孙奕奕
策划编辑:尚东亮

责任编辑:陈 力 版式设计:尚东亮
责任校对:王 倩 责任印制:张 策

*

重庆大学出版社出版发行
出版人:陈晓阳
社址:重庆市沙坪坝区大学城西路 21 号
邮编:401331
电话:(023) 88617190 88617185(中小学)
传真:(023) 88617186 88617166
网址:http://www.cqup.com.cn
邮箱:fxk@ cqup.com.cn (营销中心)
全国新华书店经销
重庆建新印务有限公司印刷

*

开本:787mm×1092mm 1/16 印张:9.5 字数:240 千
2015 年 3 月第 1 版 2023 年 8 月第 2 版 2023 年 8 月第 4 次印刷
印数:4 501—6 500
ISBN 978-7-5689-3761-0 定价:32.00 元

编委会

总　序

在经济全球化和文化多元化日益加深的大背景下,会展业已经发展成为新兴的现代服务型产业,会展经济在经济全球化浪潮中脱颖而出,成为世界经济发展的亮点。进入21世纪以来,中国会展业搭上了经济快速发展和综合国力不断增强的快车,会展行业快速发展,并以其强大的产业带动效应、集聚效应和辐射效应逐渐成为众多省(市)的支柱型产业,正朝着国际化、科技化、精细化和绿能化方向发展。中国正在由世界会展大国向世界会展强国挺进。

会展业是具有先导性的现代服务业态,与国民经济各行业有着广泛的联系。我国多部委对会展业一直高度重视并积极参与,尤其是党的十八大以来,一批经国务院批准、由商务部和相关部委与地方政府合作的重大会展项目,如中国进出口商品交易会(广交会)、中国国际服务贸易交易会(服贸会)的品牌化和国际化升级,中国国际进口博览会(进博会)和中国国际消费品博览会(消博会)的创办和成功举办,不但形成了中国扩大对外开放最重要的展会平台矩阵,也形成了会展业以龙头展会为示范和引领的中国特色。在"十三五"和"十四五"期间,国家多部委作为行业主管部门在制定的《发展规划》中,确立了本行业重点发展的会展项目。教育部2012年颁布的《普通高等学校本科专业目录(2012年)》中,将旅游管理专业上升为与工商管理学科平级的一级大类专业,这意味着隶属于旅游管理类专业的会展经济与管理专业有了更好的学科地位。正是在这种会展经济繁荣发展和对会展人才需求急剧增长的背景下,积极整合会展教育资源,为我国会展业的发展提供强有力的人才保证和智力支持,使我国会展教育逐渐进入繁荣发展阶段,建设一套高质量和高水准的"高等学校会展经济与管理专业本科系列教材"则成为当前会展教育的现实迫切需要。

在教育部高等学校旅游管理类专业教学指导委员会的大力支持和指导下,重庆大学出版社历时多年在全国开设有会展经济与管理本科专业或方向的学校积极调研,充分论证,并征求高校和行业企业中众多会展专家对本专业课程设置及课程内容等方面的意见,在中国会展教育的开创者和著名学者、教育部旅游管理类专业教学指导委员会副主任、中国会展经济研究会创会副会长、湖北大学旅游发展研究院院长马勇教授,以及教育部高等学校旅游管理类专业教学指导委员会主任、云南大学工商管理与旅游管理学院创院院长田卫民教授的具体策划和指导下,邀请了全国20多所开设有会展经济与管理本科专业的高等学校知名教授、学科带头人和一线骨干专业教师,以及会展行业专家、海外专业师资等参与积极论证,根据教育部发布的《旅游管理类教学质量国家标准》精心编撰而成"高等学校会展经济与管理专业本科系列教材"。

会展领域专业人才的缺乏已成为制约我国会展业大发展的一大瓶颈,该套教材旨在为培养高校会展本科专业人才提供有力的教育支撑,缓解发展我国会展业大量引进国外人才的局面,真正促进我国会展教育的大繁荣大发展。该套教材着重达到两个目标:第一,完善我国会展专业高等教育体系,在全面总结中国会展产业发展的理论成果和实践经验的基础上,推进中国会展专业的理论发展和学科建设,提高中国现代会展从业人员的专业素养和理论功底;第二,在本科会展教育的过程当中,能够产生强有力的示范效应和带动效应,积极推动本科会展经济与管理专业课程改革与建设的持续健康发展。

本套教材定位于会展产业发展人才需求层次较高的本科教育,是在对我国会展教育人才培养方向、培养目标和教育特色等方面的把握以及对会展发达国家会展教育学习借鉴的基础上编写而成的,具有较强的前瞻性、系统性和完整性。本套教材主要有以下四大亮点:

第一,内容前沿。本套教材尽可能地将当前国内外会展产业发展的前沿理论和热点、焦点问题吸收进来以适应会展业的现实发展需要,并突出会展教育的中国特色。

第二,体系完整。本套教材围绕"融前沿、成体系、出精品"的核心理念展开,将会展行业的新动态、新业态及管理职能、关系管理等都融于教材之中,将理论与实践相结合,实现多角度、多模块组合,形成完整的教材体系,出版精品之作。

第三,注重引用。本套教材在保持本学科基本内容的基础上,注重处理好与相邻及交叉学科的关系,有重点、有关联地恰当引用其他相关学科的理论知识,以更广阔的视野来构建本学科的知识体系。

第四,较高水准。本套教材的作者很多都是中国会展教育的知名专家,学历层次高、涉及领域广,包括诸多具有博士学位的经济学、管理学和工程学等多方面的专家和学者,并且还有会展行业高水平的业界精英人士,我们力求通过邀请知名优秀的专业作者以保证所出教材拥有较高的水准。

在会展教育新形势新背景下,会展本科教材有新的需求,编写一套有特色、高质量的会展教材是一项复杂的系统工程,需要专家学者、业界、出版社等的广泛支持与集思广益。本套教材在组织策划和编写出版过程中,得到了会展业内专家、学者以及业界精英的广泛支持与积极参与,在此一并表示衷心的感谢!

"路漫漫其修远兮,吾将上下而求索。"希望这套教材能够满足会展本科教育新形势下的新要求,让我们一起努力,为中国会展教育及教材建设起到开拓创新的作用,贡献一份力量。

高等学校会展经济与管理专业本科系列教材
编委会
2023 年 2 月

第 2 版前言

8 年前我们编写了高等学校会展经济与管理专业本科系列教材《奖励旅游策划与组织》，它是国内第一本有关奖励旅游的教材，受到了各高校师生的欢迎。近年来，奖励旅游的相关展会、组织和业务等均有快速发展，奖励旅游的政策也发生了一定的变化。然而受新冠肺炎疫情的影响，自 2020 年来，国内外奖励旅游的发展相对迟缓，特别是国内的奖励旅游业务受到了一定限制，多种因素促使我们修订书稿，以便大家更好地使用本教材。

第 2 版沿用了第 1 版书稿的基本框架体系，按照奖励旅游概述及发展历程、奖励旅游的市场需求和供给分析、奖励旅游的策划、市场营销和组织管理的思路设计。考虑到第 1 版书稿的案例和政策有些陈旧，第 2 版书稿对案例和政策以及参考文献进行了更新，比如第 4 章中 4.6.1 增加了法兰克福国际会议及奖励旅游展的相关介绍。

第 2 版书稿的修订分工如下：暨南大学深圳旅游学院孙晓霞任主编，负责总体修订设计以及案例、政策和参考文献的更新工作，暨南大学深圳旅游学院的 4 位本科生和 2 位研究生积极协助查找各类资料；副主编由广州番禺职业技术学院旅游商务学院孙娈娈担任，并对各章节的内容以及更新部分进行了校对和修订。

由于奖励旅游的相关研究较少，书中难免存在疏漏之处，恳请各位同人和读者能够批评指正。

本书在修订和出版的过程中得到了众多同行的支持和帮助，在此一并表示感谢。

编者
2022 年 9 月

前　言

会展 MICE 中的 I(Incentive Travel)即为奖励旅游,与会议、展览和节事活动相比,理论研究和行业发展都相对落后。在我国,奖励旅游通常要么被当作普通的高端团队旅游,要么被并入会议活动之列,旅行社主管奖励旅游的部门往往是"会奖部",很少将奖励旅游部门单列出来,可见行业对奖励旅游的重视不够。同时,关于奖励旅游的理论研究较少,并缺乏奖励旅游的相关教材。

在此背景下,编者萌发了编写奖励旅游策划与组织教材的想法。此外,由编者主讲的"奖励旅游策划与组织"课程在本科生的课堂上进行了 5 轮教学实践,使用了大量著作、学术论文等文献,并在此基础上形成了教案,积累了素材,本书即是在课程教案的基础上加以调整、重新整合和补充而完成的。

本书由孙晓霞总体设计框架体系,并与其他编者共同完成编写。本书共分为 7 章,第 1 章:奖励旅游概述;第 2 章:奖励旅游的发展历程;第 3 章:奖励旅游的市场需求;第 4 章:奖励旅游的供给分析;第 5 章:奖励旅游的策划;第 6 章:奖励旅游的市场营销;第 7 章:奖励旅游的组织管理。章节体系是按照由浅入深——从基本概况到深入细致,从宏观到微观的逻辑关系,从奖励旅游的概念讲起,回顾了奖励旅游的发展历程,从产业的角度了解奖励旅游的需求和供给,再到具体的策划执行、市场营销及组织管理。

在本书编写过程中,参考了大量的文献资料,包括期刊、学术论文、著作、网页资料等,在此对相关作者一并表示感谢。

由于奖励旅游领域的相关研究较少,有些数据较为陈旧,加上编者水平有限,本书难免存在疏漏之处,恳请各位同仁和广大读者能够批评指正。

编　者
2014 年 12 月

目　录

第1章
奖励旅游概述

【本章要点】

奖励旅游的概念。
奖励旅游的功能。
奖励旅游的类型。
奖励旅游的特点。

会展是会议、展览、大型活动等集体性活动的简称。其概念内涵是指在一定地域空间,许多人聚集在一起形成的、定期或不定期、制度或非制度的传递和交流信息的群众性社会活动,其概念的外延包括各种类型的博览会、展览展销活动、大型会议、体育竞技运动、文化活动、节庆活动等。特定主题的会展是指围绕特定主题多人在特定时空的集聚交流活动。狭义的会展仅指展览会和会议;广义的会展是会议、展览会和节事活动的统称。会议、展览会、博览会、交易会、展销会、展示会等均是会展活动的基本形式,世界博览会为最典型的会展活动。

国际上通常将会展表述为 MICE,即 Meetings(会议)、Incentives(奖励旅游)、Conferences/Conventions(大型企业会议)、Exhibitions/Exposition(活动展览)和 Event(节事活动)这 4 个英文单词的字母缩写,该缩写于 20 世纪 90 年代中期被正式采用,在全球有一定的影响。会展业是集商品展示交易、经济技术合作、科学文化交流为一体,兼具信息咨询、招商引资、交通运输、城市建设、商业贸易、旅游服务等多种功能的一种新兴产业。通过会展活动,能带动巨大的物流、人流、资金流、信息流,提升城市品位和知名度,进而推动经济和社会的发展。

奖励旅游是基于工作绩效而对优秀员工及利益相关者进行奖励的管理方法,是一种特殊的旅游形式,相对观光旅游、度假旅游、专项旅游、会议旅游、特种旅游等旅游服务产品而提出的,由企业或社会团体提供费用,以奖励为目的的一种商务旅游活动,带有福利和长效激励性质,是精神和物质奖励的统一,是凝聚企业向心力、提高企业生产率、增强员工对企业的认同感、塑造企业文化的新型管理手段。

1.1 奖励旅游的概念

根据国际奖励旅游协会的定义,奖励旅游作为一种全球性的管理手段,通过特殊的旅游经历来激励员工更加努力地工作或借以承认员工的突出工作表现,以便实现企业的各类目标。〔The Society of Incentive & Travel Executives(SITE) notes:"Incentive travel is a global management tool that uses an exceptional travel experience to motivate and/or recognize participants for increased levels of performance in support of organizational goals."〕这一定义揭示了奖励旅游是现代企业管理工具的属性,它是以达到特定的企业目标为目的,以企业内部员工和外部客户为对象,以免费旅游为奖励措施反映现代企业制度的一种激励机制。

【资料链接】

国际奖励旅游协会组织简介

国际奖励旅游协会成立于 1973 年,是目前国际上奖励旅游行业知名的一个国际性的非营利专业协会,主要向会员提供奖励旅游方面的信息服务和教育性研讨会。目前国际奖励旅游协会组织有 2 500 多个会员,分属 35 个大区的 90 个国家,总部设在美国芝加哥。

国际奖励旅游协会组织的会员涉及航空、游轮、目的地管理公司、酒店和度假地、奖励旅游公司、旅游局、会议中心、旅游批发商、研究机构、旅游景点、餐馆等领域。

目前,国际奖励旅游协会中国分会有来自北京、上海、西安、桂林、苏州等地的 22 名会员。

由于目前国内还没有奖励旅游这方面成熟的理论,国内外对奖励旅游也是见解不一,除了具有代表性的国际奖励旅游协会给出的定义外,还有很多相关组织、学者对奖励旅游有不同的界定。

1.1.1 奖励旅游的概念

奖励旅游的英文名称为"Incentive Travel"。"Incentive"的含义是"刺激""鼓励"。但关于奖励旅游概念的阐述,在国内外却多达 20 余种,较有代表性的叙述如下所述。

①Goldblatt and Nelson(2001)认为奖励旅游是指企业为了奖励业绩好的员工,激励他们更努力地工作,以及使他们忠诚于公司,特地由公司赞助举行会议或旅游活动。"The incentive event is a corporate-sponsored meeting or trip to reward performance, motivate work effort, and create company loyalty."。

②Milton T.Astroff 与 James R.Abbey 在他们合著的《会展管理与服务》中认为,奖励旅游是一种旅游奖励———一般是一次全包豪华旅游——作为激励措施提供给工作特别努力和达到项目赞助者规定标准的员工和客户。

③新加坡旅游局将奖励旅游定义为:针对达成甚至超越公司任务目标的个别或总体之特定对象,如员工、经理人、代理商等,由企业主提供一定的经费规划假期,委托专业旅游业者精心设计"非比寻常"的旅游活动,以犒赏创造营运佳绩的有功人员,让他们体验一场难以忘怀之旅,并借此增加参与者对企业的向心力。

④《香港大词典》将奖励旅游界定为:工商企业及其他行为刺激工作人员的积极性,增加归属感以及搞好与有关部门、团体和个人的公共关系而组织的免费旅游。

⑤《中国旅游百科全书》认为奖励旅游是一些组织单位为调动员工积极性,增强凝聚力而举办的免费旅游。

四川商务网认为,奖励旅游是现代旅游的一个重要项目,是为了对有优良工作绩效的职员进行奖励,增强职员的荣誉感,加强单位的团队建设,用相关经费组织职员进行的旅游。

李立、张仲啸(2000)提出,奖励旅游是指公司在员工完成了公司有关销售指标和营业收入指标的基础上,公司以奖励旅游的方式进行奖励的活动。

综合以上几种观点,可以看出奖励旅游主要包含 6 个内在要素:

①奖励旅游的本质是"管理工具",其最终目的是协助企业达到特定的目标。

②奖励旅游的核心是"鼓励",这种鼓励具有"继往开来"的双重性,既是对以往工作成绩的奖励,也是对未来工作的激励。

③奖励旅游成功的关键是"非比寻常",奖励旅游的行程安排独特,"无限惊喜""备感尊荣"是奖励旅游的精神写照。

④奖励旅游的参与主体是对企业的发展作出或即将作出贡献的优秀人员,他们往往都是业内的顶尖好手或特殊人才。

⑤旅游活动是奖励旅游的载体,专业旅游企业是奖励旅游活动的策划者与实施者。

⑥奖励旅游除了奖励和慰劳的目的外还有多重附加功能,如凝聚员工向心力、树立企业形象、强化企业文化、持续鼓励员工提升工作绩效,甚至是为企业市场开拓作准备等,但最终目标

是实现企业的持续、稳定和健康发展。

笔者认为,综合以上各种界定,国际奖励旅游协会阐述的概念较为精准。企业邀请对企业有贡献的员工或经销商去旅游,目的在于对员工或经销商进行更有效的目标管理。企业通过旅游的方式来激发员工或经销商达成目标的动机,使其行动与企业目标挂钩。奖励旅游不同于一般的奖励,要达成参与奖励旅游的条件通常是有一定挑战性的,它是一个现代化管理工具。这就界定了奖励旅游与我国企业通常进行的非个人付费旅游活动有着本质区别。国际奖励旅游协会阐述的概念是本书论述的重要依据。

不可否认,我国目前的奖励旅游市场还不成熟,存在着奖励旅游公司的操作不规范,奖励旅游产品的设计和奖励旅游活动的组织不到位等问题,导致目前的奖励旅游市场出现了"有奖励旅游,无奖励绩效"的现象,也就是说,奖励旅游活动组织了,但是奖励旅游激励员工的目的并没有达到。大多数行业内的企业缺乏对奖励旅游的了解,并没有将奖励旅游看作是企业的一种管理工具,而是视为一种职工福利,将费用视为企业的一次性消耗,并没有看到奖励旅游的长期激励效应。基于这点,各企业应该正视奖励旅游对员工的激励作用,奖励旅游是一种长效激励,在参加奖励旅游的过程中所产生的令人愉悦的精神享受和难以忘怀的经历,对员工和其他奖励旅游者的内在激励将是长久的。奖励旅游实施体现了受奖励者的成就感、个人荣誉感,充分肯定其劳动付出,这与组织行为上激励理论相吻合。

1.1.2 奖励旅游的理论基础——激励

奖励旅游的理论基础是激励。激励一词是外来语,译自英文单词"Incentive",含有激发动机、鼓励行为、形成动力的意义。所谓激励就是指一个有机体在追求某种既定目标时的愿意程度。已有的激励理论主要是从心理学和组织行为学的角度来展开研究的。在这个框架下,激励被认为是通过高水平的努力实现组织的意愿,而这种努力以能够满足个体某些需要和动机为条件。

1)激励的基本原理

(1)人的行为

人的行为是由人的动机支配的,动机是行为的直接动力,行为是动机的外在表现。动机是人的一种精神状态,它对人的行为起激发、推动、加强的作用,直接决定着人的行为方向,是人的行为发动的直接原因。动机的起源是需要,需要是指内、外部客观的刺激作用于人的大脑引起的个体缺乏某种东西的状态。这里的刺激既包括个体本身的、内部的,也包括个体外部的。人类的各种行为都是出于对某种需要的满足。未满足的需要是激励的起点,从而导致某种行为。但需要并不是行为的直接决定因素,需要只有转化为动机才能决定人的行为。

某种需要并不一定会产生一定的动机。需要向动机的转化是有条件的:一是需要达到一定的程度,足以产生满足需要的愿望;二是目标的确定。即是说,在需要达到一定程度,并对其产生满足的愿望的基础上,而后确定行为的目标时,动机就会产生了。仅有需要是不够的,有了需要就会产生一种紧张状态,当这种紧张状态达到一定程度时,人就会想方设法地去满足它,于是愿望就产生了。但仅有愿望也不够,愿望只是反映了人内心的需要,是行为的内在驱动力,由于尚没有明确的目标,所以该驱动力没有明确的方向,没有形成动力。一般来说,只有强烈的动机可以引发行为。

（2）激励的实质

激励的实质是根据员工的需要而设置某些目标,并通过一定的措施激发员工和组织目标一致的强势动机,并按组织所需的方式引导员工行为的过程。激励的实质主要强调以下几个方面:

①激励是一个满足员工需要的过程。

②激励是激发员工动机,调动员工积极性的过程。

③激励是引导员工行为的指向组织目标,并且和组织目标保持一致的过程。

④激励是减少员工挫折行为,增加建设行为的过程。

2）激励理论与奖励旅游

受员工个性及需求差异化的影响,科学的激励是企业进行人力资源管理,有效调动员工的潜能,实现企业目标的重要保证。管理心理学家威廉·詹姆斯指出:按时计酬的职工仅能发挥其能力的20%~30%。而如果受到充分激励的职工其能力可以发挥到80%~90%。即是说同一个人在激励后所发挥的作用相当于激励前的3~4倍。由此可以看出激励在企业管理中的重要性。

奖励旅游作为企业管理的重要手段,受下述理论支持。

（1）需求层次理论

马斯洛在《人的动机理论》中提到:人的需求多种多样,但可以归纳为五大类,即生理需求、安全需求、社交需求、尊重需求、自我实现需求。生理需求是人类最原始的基本需求,人类生存的必要条件,其中包括饥、渴和性等其他基本的生理需求。安全需求的含义是广泛的,即从世界和平、社会安定到个人的安全。人们希望有一个和平、安定、良好的社会,在这个社会中,健康、幸福的人的安全需求基本上得到满足。人们不希望受到犯罪、谋杀、专制等不安全因素的威胁。社交需求又称为爱的归属需求,爱的需求是指个人对爱、情感和归属的需求。尊重需求包括希望别人尊重自己,自己也表现出一定的自重、自尊。自我实现需求是指促使人的潜在能力得以实现的趋势,这种趋势就是希望自己越来越成为期望的人物,完成与自己的能力相称的一切事情。

根据此理论,企业员工的低层次（如薪酬、职位）的需求一经满足,激励作用就会降低,其推行动力将不再保持下去,那么更高层次的需求就会成为推动行为的主要动力,是员工个人通过努力完成目标的,达到奖励旅游资格便是自我实现的一部分。员工或经销商在奖励旅游活动中所得到的被尊重的感受、精神上的满足,产生的激励效果远比物质、金钱强烈,会刺激员工或经销商产生对企业作出长期贡献的期望。参与者结束奖励旅游后,能以更加积极的状态投入工作,并带动其他员工积极工作,最终转化为企业业绩的增长,为企业带来不可估算的潜在效益。

（2）双因素理论

美国心理学家赫茨伯格认为,"双因素理论"的基本因素包含保健因素和激励因素两类。保健因素认为通过改善造成职工不满意的因素和消除职工的不满,是不能使职工感到非常满意,也不能有效激发职工的工作热情。而激励因素认为改善使职工非常满意的因素可以强化职工对组织的满意程度,能够激励职工的积极性,从而有效提高职工的工作效率。根据赫茨伯格的双因素理论,调动人的积极性应该以激励因素来调动人的内在潜能,使员工对工作产生满意感、对公司产生感情。参与者在旅游过程中暂时离开忙碌的工作状态,身心得到放松,能开阔视野,培养能力。同时,在参与奖励旅游活动过程中也可感受来自公司的认可及关怀、上司的赞许、同事的尊重,从而得到激励。

（3）目标理论

美国心理学教授E.A.洛克认为目标是引起行为的最直接动机,设置合适的目标能使人产生达到该目标的成就感,因而对其有强烈的激励作用。企业奖励旅游活动的参与者通常都是达到企业特定目标的人员。

（4）期望理论

美国心理学家弗洛姆的期望理论认为,当人产生需要时,并不会马上产生行为去实现目标。人们总会不自觉地做两方面的分析:一是可能性分析,分析这件事完成的可能性有多大;而价值分析,只有对自己有价值才会努力去完成。期望理论的一般公式是:期望理论＝效价×期望。一般而言,高期望带来积极的表现;低期望则带来消极的表现。当成功的概率高,成功后所得到的价值大,驱使行为的动力就越大。所以在设计奖励旅游活动时,预先设定的目标具有可行性,奖励旅游活动的安排对参与者有足够的吸引力。

（5）公平理论

美国心理学家亚当斯对奖酬与满足感之间是否存在着对奖酬公正性的问题进行了深入研究。他从报酬与其贡献的比例关系出发,提出了公平理论。这一理论认为,一个人对他所取得的报酬是否满意不能只看其绝对值,而要进行社会比较或历史比较,看其相对值。所以,公平理论也称社会比较理论。公平理论主张每个人不仅关心由于自己的工作而得到的绝对报酬,而且还要关心自己的报酬与他人报酬之间的关系。他们会对自己和他人付出与所得之间的关系作出判断。比较的结果如果是均衡的,就会产生公平感,有助于维持或进一步激发其工作热情;反之,如果是不均衡的,则会出现不公平感,从而影响其绩效的稳定或提高。公平理论为我们认识员工的激励问题提供了又一思路,在监测缺勤和流动行为时最有效。但是,在大多数的工作环境中,人们更能容忍甚至喜欢报酬过高带来的不公平。其次,并不是所有人都对公平敏感。

【资料链接】

越奋斗,越受益,东阿百年堂给予奋斗员工旅游奖励

2018年7月7日上午,山东东阿百年堂阿胶生物制品股份有限公司为了全面提高组织效率、提升人员凝聚力,通过多方学习、了解,最终发现和引进了工分制体制。为了进一步落实工分制"奋斗者就是受益者",公司决定评选出50位优异员工,奖励他们为公司的无私奉献,公司特此奖励旅游——泰安大裂谷一日游。

大裂谷是泰山与徂徕山两座山脉的断裂带,位于山东省泰安市邱家店镇。现已开发1 300

多米,整体观光长度6 000余米;景区利用裂谷内丰富的地下水资源,打造出4 000米的地下暗河漂流。裂谷深达数百米,大自然的鬼斧神工和无穷造化,形成了震撼人心的奇观。

当日早晨7点左右,大家齐聚在公司门口,清点人数后便乘坐大巴出发了。

大约2个小时便到达了泰安大裂谷景区。裂谷与亿万年形成的喀斯特溶洞紧密相连,钟乳石、石花、石柱、石笋、石幔、石瀑遍布其中,形成了一幅幅神奇与美妙的画卷。

洞内依托丰富的地下水资源打造的4 000米地下暗河漂流,水道蜿蜒曲折,惊险刺激。

越奋斗越受益,此次员工旅游既是奖励也是激励,让他们不忘初心,砥砺前行,"一万年太久,只争朝夕",幸福都是奋斗出来的!

(资料来源:越奋斗,越受益,东阿百年堂给予奋斗员工旅游奖励[EB/OL])

1.2　奖励旅游的功能

1.2.1　奖励旅游在现代企业管理中的功能

柔性化管理是现代企业管理有效的方式之一。奖励旅游是国外现代企业管理较为常用、效果甚佳的一种柔性管理形式。伴随现代企业管理逐渐由刚性管理转为"以人为中心"的柔性管理,奖励旅游在现代企业管理中的作用也越来越突出。

1)奖励旅游是一种现代管理手段

奖励旅游作为一种现代管理手段,在当代社会被越来越多的现代企业所采用。奖励旅游的目的在于协助企业达到特定的企业目标,并对达到该目标的参与人员给予一个非比寻常的旅游假期以作为奖励。奖励旅游可以提高企业业绩,增强员工的荣誉感和向心力,加强团队建设,塑造企业文化,相比起常见的物质奖励,奖励旅游的出现更加凸显了以人为本的管理模式,也象征着现代管理的日趋成熟完善。

2)奖励旅游是企业人力资源管理的法宝

奖励旅游作为企业人力资源管理的法宝,主要体现在以下两个方面:一是在意识在管理方法上,将"硬性"的人力资源管理方法与"软性"的人力资源管理方法有机地结合起来。奖励旅游通过企业花钱购买旅游产品,对业绩突出的优秀员工给予直接的旅游奖励,体现了实用主义的硬性人力资源管理方式;奖励旅游常常与重要会议、培训结合在一起,关注员工的发展,体现了"软性"的人力资源管理方式。二是提升员工的工作业绩,实现企业经营管理目标。从事企业管理的专家指出,奖励旅游可以让员工对公司更有归属感,工作也就更卖力。2018年的一项调查结果显示,近70%的受访者认为获得奖励旅游要比现钞奖金更令人难忘。全球性研究机构SITE基金会的研究结果表明,奖励旅游可让部分员工的工作业绩提升20%。

3）奖励旅游是达到企业管理目标的重要手段

奖励旅游不同于一般意义上的观光和商务旅游,它通常需要提供奖励旅游服务的专业公司来为企业"量身定做",使奖励旅游活动中的计划与内容尽可能地与企业的经营理念和管理目标相融合,一些研究管理问题的心理学专家在经过大量调查和分析后发现,将旅游作为奖品来奖励员工、客户时,其所产生的积极作用要强、要好得多。首先,奖励旅游是刺激员工积极性行之有效的方式,通过奖励旅游中的一系列活动,如颁奖典礼、主题晚宴、企业会议、赠送贴心小礼物等,将企业文化和企业理念有机地融于奖励旅游活动中,还有如企业的高层人物若出面作陪,与受奖者共商企业发展大计等,这对于参与者来说既是一种殊荣,而且又达到了"寓教于游"的与众不同的效果,同时可有效地调节企业上下层、企业与客户间的关系,使受奖者有一种新的荣誉感,增强对企业的认同感,激励其更好地为企业服务。其次,奖励旅游为企业与员工、企业与客户、员工与员工、客户与客户之间创造了一个比较特别的接触机会,大家可以在旅游这种比较轻松的情境中做一种朋友式的交流,这样,员工与客户不仅能借此了解到企业管理者富有人情味的一面,而且员工之间、客户之间也能因此而加强彼此间的沟通与了解,为今后开展工作和业务交流提供了便利。

4）奖励旅游有助于企业的营销管理

现代企业的营销管理形式多变,奖励旅游能起到促进企业营销管理的作用,因为奖励旅游表面上是企业对优秀员工的一种奖励,但其真正目的是为树立企业形象、宣扬企业理念,并最终达到提高企业业绩、促进企业未来发展的目标。一次较大规模的奖励旅游实际上是企业的一项重要的市场宣传活动。一次较大规模的奖励旅游,会有包机、包车、包场等现象,相应地会打出醒目的企业标志,如在一架奖励旅游的包机上印上醒目的企业标志,或包场某一有名的旅游景点,到时,人们首先瞩目的将会是举办奖励旅游的这家企业,而非那些被奖励的个人,所以在无形之中,这又是企业展现自身实力、宣传企业形象的大好时机,倘若有媒体进行相关报道,效果会更佳。

5）奖励旅游有助于企业的产品质量管理

由于奖励旅游是企业与专业策划公司精心策划和打造出来的非同一般的旅游产品,能让参与者的体验更精彩,因而对增强员工的荣誉感和向心力,加强团队建设,塑造企业文化有着不可估量的作用,而这些作用将有助于增强员工对企业的认同感,激励其更好地生产高质量产品,为维护企业形象贡献一份力量。

6）奖励旅游有助于企业的资金管理

奖励员工的方式多种多样,没有一种能像奖励旅游那样,能最大限度地控制成本。首先,奖励旅游的资金来源并不是企业自掏腰包,而是在实现了其特定目标后,用创造出来的超额利润的一部分进行的,企业不赔反赚。作为企业管理的一种策略,奖励旅游可以计入工资管理成本,从而合理避税。因此从企业的角度考虑,奖励旅游还起到一箭双雕的作用。现在的研究一般认为,奖励旅游费用为企业超额利润的30%左右;其次,奖励旅游从策划到具体运作,主要是由专业公司来完成的,而这些专业公司由于具有从事奖励旅游、有效控制差旅成本的管理经验,因此,会大大降低企业的奖励成本,达到有效管理企业资金的目的。

1.2.2 奖励旅游的其他相关功能

1)创建团队精神

企业(单位)中的员工平常都有各自的岗位,上班时间自己干自己的工作,下班后有各自的家务或业余生活,很少有在一起谈心与交流的机会。企业(单位)组织奖励旅游的目的之一就是为员工提供在一起交流的机会和场所,让员工在旅游活动中住在一起、吃在一起、玩在一起,有困难大家帮、有欢乐大家享,增进彼此间了解,加深相互间友谊,从而增强企业(单位)凝聚力,促进团队精神的培育。

(1)增强管理者和企业的亲和力

在日常工作中,员工与管理者的接触比员工之间的接触更少。奖励旅游给员工和管理者创造了一个比较特殊的接触机会,大家可以在旅游这种较为随意、放松的情境中作一种朋友式的交流,让员工在交流中感受管理者的情谊、管理者的心愿、管理者的期盼,从而增强管理者和企业的亲和力。

(2)延长奖励的时效性

奖励方式多种多样,既有物质奖励,也有精神奖励。发奖金、送奖品是一种较为普遍的奖励形式,但对于受奖者来说,激励的时效较为短暂。一些研究管理问题的心理学家在经过大量调查和分析后发现,将旅游作为奖品来奖励员工、客户时,其所产生的积极作用远比金钱和物质奖品的作用要强、要好得多。原因是在旅游活动过程中营造的"荣誉感、成就感"氛围,使受奖者的记忆更持久,在旅游活动过程中,受奖者之间、受奖者与管理者之间通过交流增强的亲切感,能够激励员工更好地为企业服务。因此,这种奖励方式越来越受到企业、员工的重视与欢迎。

2)有利于旅游产品的多元化发展

随着社会经济的快速发展,人们对旅游的要求也日益提升,传统的旅游产品已满足不了人们的需求,这就要求旅游业界积极拓展旅游产品,改善旅游产品结构,逐渐从单一的观光旅游向多元化发展。奖励旅游在诸多旅游产品中,效益高、前景好,已成为国际旅游市场的热点项目。推进我国旅游市场中奖励旅游产品的开发,既有利于我国旅游产品结构的调整,又有利于旅游产品的升级换代和多元化发展。

3)可调控假日经济

目前,我国的旅游市场还不够成熟,特别是在每年"旅游黄金周"期间,大规模的人群集中流动给各地的旅游、交通、餐饮、住宿等带来巨大压力。实施奖励旅游,可以将"节日旅游"提升到"假日旅游"的层次,即通过不定期的假日调控手段,将相对集中的旅游人群分散开来,以有效缓解"黄金周"带来的方方面面的压力。同时,一些奖励旅游团在季节上一般都错开了旅游的旺季,而这无疑又填补了旅行社淡季业务的空白。

【资料链接】

奖励旅游纳入直销企业管理架构

近日,某大型跨国直销企业对于员工的业绩考核进入最后冲刺阶段,完成考核的销售经理即可参加 2014 年去迪拜的奖励旅游。根据一份该企业内部为员工设计的 2013 成功蓝图显示,企业对于员工在不同阶段的销售业绩都设置了考核目标,而每一个考核目标都配备了相应的奖励旅游方案。这一系列的奖励旅游方案在激励员工完成相应考核目标的同时成为其对外营销的手段。

奖励旅游成管理与营销手段

根据某企业 2013 奖励旅游方案,企业员工完成 4 个月"红宝石级主任"(或以上)业务考核,可参加"3 天 2 夜创新学院"澳门游;员工亲自培训 1 位新业务伙伴,且本身完成"红宝石级主任"业务考核,可参加"2 人创新登峰迪拜游"。"寰宇领袖之旅"地中海游相应的奖励旅游方案对应的考核目标是员工需发展 15 位任期至少 6 个月的业务主任,或完成任期至少 6 个月,每月达到 36 个领导积分且培养 12 位业务主任的目标。

通过一系列奖励旅游方案,企业激励员工实现了销售与发展业务伙伴的目标。另一方面,豪华的奖励旅游也是企业员工发展业务伙伴的一个重要营销点。

奖励旅游以直销行业显著

事实上,直销企业的奖励旅游此起彼伏。跨国直销公司安利(中国)日用品有限公司在 2013 年 3 月 12 日—4 月 1 日,组织了 5 批共 1.2 万名安利优秀直销人员去台湾地区的奖励旅游。2014 年 5—6 月,安利组织多达 2 万人的奖励旅游团,搭乘邮轮前往韩国济州岛。直销公司完美(中国)也在 2014 年 5 月组织规模为 7 000 人的奖励旅游团去韩国济州岛。他们将乘坐邮轮分两批前往。业内人士表示,直销企业对员工的激励尤为重要,随着奖励旅游逐渐被认可,企业也开始将奖励旅游作为一项重要的管理手段。

北京联合大学旅游经济系会展专业王春才老师表示,奖励旅游在国外很普遍,但在国内还属于发展期。且主要集中在以销售为核心的金融保险类、医药类企业,制造业的奖励旅游比较少。企业为奖励对企业作出杰出贡献的员工,培养他们对企业的忠诚度以及荣誉感而组织奖励旅游。一般平均每年组织一到两次的奖励旅游。

奖励旅游将占企业管理重要地位

《企业奖励旅游问卷调查》显示,国内六成的企业从未有过奖励旅游,且 56.25% 的企业奖励旅游集中在国内游。而在直销行业,相较于其他类型的企业,其奖励旅游频次更多、规模更大。

《国民旅游休闲纲要(2013—2020 年)》的"主要任务和措施"部分提出:"鼓励企业将安排职工旅游休闲作为奖励和福利措施,鼓励旅游企业采取灵活多样的方式给予旅游者优惠。"业内人士表示,奖励旅游将在企业管理中占据重要地位。奖励旅游原本并不是企业经营管理的方式,随着市场的发展以及营销渠道的扩展,奖励旅游的作用逐渐被大众所认识。在以销售为核心的企业中,作为一种销售手段,奖励旅游能够激励员工不断完成销售任务;而作为一种宣传手段,奖励旅游可以吸引更多的人加入该团队。

(资料来源:网络)

1.3 奖励旅游的类型

奖励旅游的形式表现多样化,基于不同的奖励旅游目的,奖励旅游表现的活动模式也有一定的差异,本节主要从奖励目的和活动模式两个标准对奖励旅游的类型进行划分。

1.3.1 按目的划分的奖励旅游类型

1)慰劳型

作为一种纯粹的奖励,奖励旅游的目的主要是慰劳和感谢对公司业绩成长有功的人员,纾解其紧张的工作压力,旅游活动安排以高档次的休闲、娱乐等消遣性活动项目为主。

2)团队建设型

奖励旅游的目的主要是促进企业员工之间,以及企业与供应商、经销商、客户间的感情交流,增强团队氛围和协作能力,提高员工和相关利益人员对企业的认同度和忠诚度,旅游过程中注重安排参与性强的集体活动项目。

3)商务型

奖励旅游的目的与实现企业特定的业务或管理目标紧密联系,如推介新产品、增加产品销售量、支持经销商促销、改善服务质量、增强士气、提高员工工作效率等,这类奖励旅游活动几乎与企业业务融为一体,公司会议、展销会、业务考察等项目在旅游过程中占据主导地位。

4)培训型

奖励旅游的目的主要是对员工、经销商、客户等进行培训,较为常见的为销售培训。旅游活动与培训的结合可达到"寓教于乐",并能更好地实现培训的功效。

1.3.2 按活动模式划分的奖励旅游类型

1)传统型

传统型奖励旅游有一整套程式化和有组织的活动项目,如在旅游中安排颁奖典礼、主题晚宴或晚会,赠送赋予象征意义的礼物,企业领导出面作陪,请名人参加奖励旅游团的某项活动等。通过豪华、高档和大规模来体现奖励旅游参加者的身价;通过制造惊喜,使参加者有终生难忘的美好回忆。

2）参与型

越来越多的奖励旅游者要求在他们的旅游日程中加入一些参与性活动，而不再仅仅满足于一个"有特色的party"。如参加旅游目的地当地的传统节日、民族文化活动和品尝风味餐，安排参与性强和富于竞争性、趣味性的体育、娱乐项目，甚至要求加入一些冒险性活动。参与型奖励旅游可使奖励旅游者通过与社会和自然界的接触，感受人与社会、人与自然的和谐，有助于唤起他们的责任感。

【资料链接】

中国直销奖励旅游：疯狂背后的冷思考

直企为何热衷奖励旅游？

如今，现金豪车海外游几乎已经成了直销企业奖励机制的标配。而相较于单纯的物质奖励，旅游奖励这种方式更有精神内涵、更令人记忆深刻。行业内人士表示，对于经销商来说，旅游是除了现金外他们最喜欢的奖励方式之一。

那么，问题就来了，为什么直销企业会如此热衷于奖励旅游呢？

1.提高经销商积极性

激励经销商是奖励旅游最显而易见的作用。一般来说，在特定的一段时间内达到了某个业绩标准，才能进入奖励旅游的名单，这是激励经销商完成业绩目标的有效手段。

直销企业的业绩增长离不开经销商的努力，从中拿出一笔经费来奖励经销商旅游，能让他们感受到公司的重视和肯定，从而对公司和团队产生归属感。在奖励旅游过程中，企业对经销商的服务很周到，并且动用各种公关能力为经销商开通绿色通道，带来了各种便利。

同时，奖励旅游能让经销商对直销这份事业产生成就感和价值认同感，激发其创造更好的业绩。

有能力组织大规模的经销商海外旅游活动，也是体现公司实力的一种方式，从而让经销商对公司更加有信心。

此外，海外奖励旅游是经销商在开拓市场中的重要谈资，是展现直销魅力的一个平台，有利于发展壮大经销商队伍。

2.增加品牌美誉度

直销是一个相对封闭的行业，直销企业在大众眼中甚至有些神秘。而在网上搜索关于"直销"的新闻不难发现，在媒体的报道中，直销经常以负面形象出现，甚至与"传销""骗局"等字眼挂钩。

但超级旅游团能给直销企业带来集中的、大量的媒体曝光。这虽然不能马上改变直企在大众眼中的形象，但至少增加了直销企业的曝光度，对于企业来说，是一次非常好的营造口碑的机会。

2015年5月，为庆祝公司成立20周年，天狮带着约6 400名员工在法国进行了豪华四日游,是欧洲历史上单团人数最多的一次旅行。6 400名员工用人体队形创意拼字,创造了人体主题创意组字的世界纪录。当时,包括法国《巴黎人报》、英国《卫报》和路透社、BBC在内的欧洲主流媒体都关注了此事,而国内有相当影响力的媒体,如央广网、新华网、中国新闻网等,也都对天狮法国游做了相关报道。虽然其中也有一些质疑的声音,但总体舆论风向还是正面的,"模范土豪""震惊欧洲""高素质文明出行"等描述也是很积极正面的。

3.传递企业价值观

随着奖励旅游的高速发展,大部分直销企业摒弃了简单的吃喝玩乐,文化建设、产品推广、价值观传递成为奖励目的之外直销企业最看重的出行目标。

带经销商走出国门,不仅能让他们获得更开放的视野,还能通过不同的文化洗礼加固他们对企业文化的认同和理解,同时能强化企业的凝聚力。企业数千人甚至上万人的出游如若没有一致的向心力是难以妥善管理的,而这种认知无论是企业还是经销商都会在出游的具体过程中深有感悟,与之带来的是他们的共同成长,这种共同成长带来的凝聚力更胜于无数次的培训讲座。

无限极组织海外游的历史已经有十几年,公司将每一次的活动都作为传播"思利及人"企业文化的重要平台。无限极在旅游观光的基础上,加入了文化交流、技能培训等元素,不仅促进了经销商之间的交流,增强了团队凝聚力,又引导经销商深入了解企业文化和经营理念,同时学习了当地的人文、手工技艺,赋予了海外游更深刻的内涵。

而三生公司则认为,海外旅游是三生人的一种生活方式。海外游不仅能促进合作伙伴建立长期的合作关系,同时能让公司和经销商之间缔结欣赏、信赖和互相支持的关系。据统计,从2005年三生第一届海外旅游研讨会开始,三生人的足迹已遍布泰国、新加坡、马来西亚、日本、韩国、澳大利亚和美国等多个国家和地区。

4.扩大国际影响力

直销企业的海外游不仅是直销企业实力的展现,而且利于直销企业与海外政府、企业的交流合作,这对公司未来布局海外大有裨益。

以天狮为例。天狮每次的奖励游不仅有中国的经销商,还有大量的海外经销商参与其中。在2016年天狮西班牙游的3 000多名经销商中,就有超过1 000名海外经销商,行程中不仅加入了公司西班牙生产基地的参观,天狮公司负责人还表示将在西班牙建立分公司。天狮目前的海外市场遍布100多个国家和地区,拥有丰富的海外资源,这不仅给天狮举办海外游提供了诸多便利,同时也会反哺天狮的海外扩张。

近年来,直销企业奖励旅游的地点更多地转向了国外,目的地也从新马泰、日韩等扩大到了欧美、大洋洲等地。企业表现出"走出国门""国际化"的强烈愿景,这不仅能增强国内市场的信心,也为一些企业开拓海外市场打好了前站。

(资料来源:七月.中国直销奖励旅游:疯狂背后的冷思考[EB/OL].第一直销网,2017-04-07)

1.4　奖励旅游的特点

奖励旅游在本质上是一种激励方式,是一种激励员工或经销商积极努力工作并能挑战自我的现代化管理工具。

1.4.1 奖励旅游与传统旅游的区别与联系

奖励旅游是一种新的旅游形式,既有与传统旅游相似的地方,又有其自身的特点。可从以下几个方面来讨论奖励旅游与传统旅游的关系。

奖励旅游与传统旅游的区别见表1.1。

表 1.1　奖励旅游与传统旅游的区别

旅游要素	奖励旅游	传统旅游
旅游目的	激励、奖励员工,提高企业业绩	休闲娱乐,精神享受
客源结构	消费能力高,对价格不敏感	消费水平低,对价格敏感
目的地选择	资源丰富、配套设施齐全	资源丰富
出游时间	无季节性	明显的季节性
线路安排	特色鲜明	传统线路,无明显特色
活动内容	精彩丰富、主题明显	注重行程安排
旅游效果	放松身心、激励工作热情	解除精神疲劳、暂时放松
组织理念	以人为本、客户至上	安全周到、细致
组织行为	创造性	常规性、稳定性

(1)在旅游目的上

奖励旅游的目的是激发员工的工作积极性、凝聚员工的向心力,塑造企业文化,提高企业的经营业绩;而传统的旅游活动主要是为了满足游客休闲娱乐和精神享受的需要。

(2)在客源结构上

奖励旅游的参与者大部分为高端旅游者,消费能力强,对服务质量要求高,但对价格不敏感;而传统旅游的参与者,大多为普通的公民,消费水平较低,对旅游产品的价格敏感。

(3)在目的地选择上

虽然奖励旅游与一般传统旅游有相似之处,都会选择到旅游资源丰富、特色鲜明的旅游地进行活动,但奖励旅游对目的地的旅游配套设施,例如酒店、交通等要求较高,所以一般会选择综合接待能力较强的目的地。

(4)在出游时间上

奖励旅游的季节性不明显,而且由于奖励旅游对服务质量的高要求,部分企业在安排奖励旅游时,有时会有意避开旅游旺季和传统的旅游时间,选择旅游淡季出行,可以很好地落实原来安排的旅游计划,以达到激励的目的;而传统旅游一般具有明显的季节性。

(5)在线路安排上

奖励旅游的旅游线路一般是由旅行社针对企业的要求为其量身定做的,并将企业文化融入其中,具有鲜明的特色;而传统旅游活动的线路相对稳定,特色不明显。

（6）在活动内容上

奖励旅游活动内涵精彩丰富,它不仅具备常规旅游的活动项目,还包含了会议、颁奖典礼、主题晚宴等活动。而传统旅游通常更加注重旅游吸引物的吸引力程度和行程安排的合理性。

（7）在旅游效果上

奖励旅游的旅游效果除了愉悦心情、放松身心,还可以延长对员工的刺激效应,增强员工对企业的凝聚力和亲和力,进一步提高员工的工作主动性和工作能力。而传统旅游的效果通常仅在于解除精神疲劳,丰富阅历,增长见识,从而满足人们精神的需求。

（8）在组织理念上

对于组织者来说,奖励旅游注重以人为本、客户至上的经营理念,它是根据客户的需要量体裁衣,一切以客户的需求为出发点。在接到客户项目时充分和客户沟通、了解公司的真正需求,为他们精心设计别出心裁的奖励旅游方案。而传统旅游某一类型的项目一旦固定,形成了规范,其操作往往驾轻就熟,只要做到安全、周到、细致就能使顾客满意。

（9）在组织行为上

奖励旅游的一大特点是要有创造性。常规的观光与购物已无法满足奖励旅游组织者的需求,他们往往要求通过不同经历的体验和心灵的触动,使参与者每天的生活过得更充实、更完美,其中与众不同的每个细节都应是令参与者一生难忘、值得回味的经历。而传统旅游线路、项目相对比较稳定。

从以上的比较中可看出,奖励旅游与一般传统旅游相比,其对细节的要求相对较多,在旅游目的、活动内容各方面存在区别,并始终与传统旅游息息相关。奖励旅游是传统旅游在服务业、会展业发展过程中应运而生的衍生品。将企业对员工、经销商等受奖人的奖励与旅游活动糅合,以达到更加长效的结果。

总的来说,传统旅游是奖励旅游的归属,而奖励旅游是传统旅游的发展与创新。

1.4.2 奖励旅游的特殊性

奖励旅游除了一般旅游消费的基本要素,还具备下述特点。

1）福利性

《中国旅游百科全书》指出:"从性质上看,奖励旅游是一种带薪的、休闲的、免费的旅行游览活动"。这就揭示了奖励旅游的福利性本质特点。有关研究显示,奖励旅游费用约占企业超额利润的30%。奖励旅游的支出对于现代企业经营管理来说,既可计入企业再生产成本,又可反映企业当期生产效益,是用于对企业作出贡献的优秀员工的福利性待遇,这是与个人自发旅游消费的最大区别。就企业开发人力资源而言,奖励旅游是一项有长远利益的战略性投资,而不是一项普通的成本开支。奖励旅游属于企业内部营销的人力资源管理中与培训管理同等重要的福利管理,体现了现代企业的人文关怀理念。

2）公务性

奖励旅游无疑是带有公务性质的,不同于散客旅游的专项旅游,也是商务旅游的发展和延伸,会议与奖励合二为一的倾向越来越明显。奖励旅游不仅是企业的公费旅游,而且是企业的公务旅游,它是把办理公务事项作为活动的主要目的,寓旅游于公务之中。奖励旅游是因公而起的组织行为,而不是因私而起的个人行为,因此更注重团队和集体的名义,企业会在旅游过程中不失时机地进行培训教育等活动,有的放矢地显示内部营销的组织性和亲和力,从而有利于增强员工对企业宗旨和使命的认可,有助于增进员工或同事之间的沟通和友谊。

3)激励性

奖励旅游的激励性功能是显而易见的,通过奖励旅游中的一系列活动,如专项会议、颁奖典礼、主题晚宴、集体游戏、友情赠送等,可极大地激励着员工的生产积极性和社会荣誉感,使其获得地位性身份而成为忠诚员工,以更好地为企业服务。实际上,奖励旅游的组织过程,也可视为现代企业经营的一种激励机制的养成,在对企业员工进行某种激励的同时,起到了对企业本身组织建设的激励作用。采取奖励旅游的形式,不仅是企业工具理性的运用,而且是企业价值理性的反映,是企业文化、企业理念的体现。一次较大规模的奖励旅游活动,也是企业展现自身实力,树立社会公众形象的宣传活动。

4)参与性

奖励旅游活动为企业员工与管理者共同参与企业发展创造了条件。平时,企业员工很难与企业管理者或高层面对面地共商企业发展大计,而奖励旅游活动通常会安排这样的机会,使他们能够零距离接触,有效地调和企业上下层关系,以实现企业的"共同愿景"。在奖励旅游的过程中还经常会加入一些参与性活动,为企业与员工、员工与员工之间特别的朋友式的交流提供便利。参与性活动的形式能够帮助直接解决一些问题,对团队协作精神的形成,无疑能起到事半功倍的效用,并且参与性活动的一些富有人情的做法,能在活动结束后给人留下值得回味的经历。

【资料链接】

相聚在海上,会奖活动一样精彩——周大福90周年庆典包船

举办机构:CHOW TAI FOOK 周大福
活动主题:传·创·共用
活动日期:2019年4月7—12日
参与人数:4 000人
活动场地:星梦邮轮世界梦号(日本航线)
活动亮点:

- 多达4 000人共同参与活动;
- 全船所有荧幕及房间电视同步直播主会场场面;
- 周大福主题船身放闪;

- 精彩纷呈的船上活动(千人级别主题活动:荣耀盛典、奇葩说、吐槽大会、千人狂欢派对等)

活动挑战:

- 全程平均每天有多达 10 场以上不同类型的活动同步举行;
- 众多复杂的搭建需求,涉及如何施工、保证安全以及海上废弃物品回收处理等众多问题;
- 超过 700 箱的大型及贵重物品须进行出口报关、检疫和登船手续;
- 4 000 人岸上观光活动的组织,以及安全快速上下船、过关的安排;
- 须满足众多行业大佬和 VIP 的私密要求、服务保障;
- 那霸中途登船及离船人员申报及接送安排。

准备工作:

航期及航线的确定,涉及境内码头和境外码头的多部门沟通;活动方案及呈现效果的设计;与境内、境外海关沟通物料的出境和入境手续及流程;进行几千人的档期安排、证件收集、房间分配等;规划境内外的登船、离船流程和服务方案;全船网路和电视直播的解决方案;进行餐饮安排,提供安全及卫生保障预案。云顶邮轮集团销售部高级副总裁张述表示,此次活动从 2018 年 5 月开始,星梦邮轮与客户方即展开方案的商讨,总计筹备时长达 11 个月。

活动设计:

整个船上活动环节的设计,都围绕此次"周大福 90 周年庆"而展开,通过船上公共区域及房间的布置,加上个性化饰品、所有活动环节服装设计等元素营造氛围,为客户带来沉浸式的体验;并与品牌主和活动公关公司通力合作,配合时间段、规模、类型设计活动时间表,确保各类活动同时且高效进行。

此次活动圆满成功的关键,是星梦邮轮与周大福、代理商及活动公关公司前期充分沟通,通力配合。邮轮会奖服务优势众多:一站式服务,免去客人舟车劳顿,在不同场地之间来回奔波的不便;邮轮场地灵活,实现客人颁奖典礼、慈善晚宴、狂欢派对、亲子活动、团建等不同类型的需求;餐饮、娱乐、住宿选择丰富。

客户反馈:

- 活动新颖。完全有别于往年传统的陆地庆典活动;
- 娱乐丰富。每天从早到晚,通过客户自组活动和邮轮方活动,为全体客人提供立体丰富的旅行体验;
- 餐饮多样化。邮轮上多样化的餐厅,很好满足了客户的大部队日常用餐、小群体主题宴会、高层晚宴、VIP 宴会等多种定制化的餐饮需求。星梦邮轮甚至帮助客人实现了将慈善拍卖和宴会结合起来的目标,并从菜品、环境布置、服务等环节为客户量身打造。最终现场筹到了非常高的善款,给客户方和来宾都留下了非常独特的体验。
- VIP 级住宿安排。本次活动,客户方除了自己的核心高层全部出席外,还邀请到了非常多的珠宝行业大咖,包括全球顶级珠宝手表品牌的高层。因此特别为这些 VIP 客人提供套房住宿外,还提供了皇宫的专属服务,包括管家服务、独立的甲板泳池、私密的餐厅&休息区域,以及专属派对。在保障客户安全、私密的情况下,又让所有人可以充分放松地享受海上假期。
- 会议场地灵活。从 50 至上千人的会议需求,邮轮上的会议场地都可以灵活满足。针对千人颁奖盛典,星梦邮轮安排在星座剧院,同时向全船客人直播;对于小型的研讨会,星梦邮轮为客人提供星颂乐廊、棕榈阁、丝路花舞等私密精致的小会场;至于夜晚的狂欢派对,星梦邮轮为客人提供了海滩俱乐部独具特色的泡泡派对,在放松狂欢的氛围中,管理层和团队之间的交流得到了很好的提升与融合。

活动意义:

此次活动对星梦邮轮的意义重大,因为该活动是**邮轮与 MICE 相结合的完美案例,全方位诠释了邮轮会奖的各项优势**。同时,活动也带来了积极影响。周大福作为知名国际品牌,本次活动为邮轮 MICE 市场建立起了标杆效应,让广泛的潜在客户和 MICE 公司更加直观、生动地了解了邮轮 MICE 深层次的内涵及价值。同时,通过本次活动,星梦邮轮得以更加理解客户的需求及痛点;相关团队能更加熟练地掌握举办超大型活动时在各环节的沟通和操作的流程;且市场和销售团队也更加清晰未来宣传推广的方向和角度。

【本章小结】

目前无论是国内国外,奖励旅游的定义都尚存异议,但总体都将奖励旅游视为一种现代管理手段,如广为人知的国际旅游协会所界定的"现代的管理法宝,目的在于协助企业达到特定的企业目标,并对该目标的参与人员给予一个非比寻常的假期,以作为鼓励。"同时,奖励旅游是一种新的旅游形式,是企业为了提高自身的绩效,组织员工、经销商或者邀请客户,并通过第三方统一策划和运作,进行奖励的一种旅游活动。在实现奖励的同时加强团队建设、宣传企业文化并且延长了奖励时效,这是一般旅游所无法比拟的。奖励旅游可根据活动目的和模式分为若干类型,每种类型都将奖励与特色活动、企业文化、培训会、晚宴等恰如其分地结合起来,并实现了预定的目的。本章从奖励旅游产品与奖励旅游市场出发,详细阐述了奖励旅游的特点。

【思考与练习】

1. 谈谈你对奖励旅游的理解。
2. 奖励旅游有什么作用以及具有哪些特点?
3. 奖励旅游有哪些类型? 请举例分析。
4. 试分析奖励旅游与传统旅游的区别。

第2章
奖励旅游的发展历程

【本章要点】

奖励旅游的起源。

国内外奖励旅游的发展历程。

我国奖励旅游发展存在的问题及对策。

20 世纪伊始,奖励旅游从销售业中孕育、诞生,历经多年,已经成长为现代旅游业中重要的组成部分。但国内外奖励旅游的发展历程呈现出了一定的差异性。

2.1 国外奖励旅游发展历程

2.1.1 国外奖励旅游的起源

20 世纪初,北美和欧洲是世界经济最发达的地方,相对发达的商品经济和激烈的市场竞争成了奖励旅游萌生的沃土。早在 1906 年,美国"全国西纳金注册公司"就向客户提供了一次免费参观其代顿(Dayton)总部的活动。

20 世纪二三十年代在美国芝加哥的汽车销售业中,有的公司管理者为了提高销售额而在开展销售竞赛活动时,为销售人员规定了定额指标,只要超额完成销售指标,销售人员就有资格参加免费的旅游活动。在当时,活动的组织者潜意识地将这样的免费旅游活动归纳为促销手段的一种,认为可以"生利还本",也就是说这种活动可以给公司带来足够的利润以支付免费旅游的费用,其结果也证明了活动组织者预想的正确性。

于是作为促销手段而产生的免费旅游活动逐渐演变成了奖励旅游活动,并首先受到了销售企业的认可,成为销售企业中对员工进行激励的方法。在当时,奖励旅游的最终使用者主要是汽车经销商、电器分销商和保险公司推销员等销售业精英,而这种奖励旅游活动包括全部免费和部分免费两种。

几乎在同一时期的欧洲,苏联采取了全面规划以加速工业化的经济发展战略,并从 1928 年开始实施了第一个 5 年计划,斯大林为了激励那些完成政府 5 年计划的人,曾将他们送到黑海度假两周,形成了最早由政府实施的奖励旅游方式。但是,这种奖励旅游活动有着浓厚的政治色彩,并且阶段性明显,对国际奖励旅游的影响不大。

【资料链接】

俄罗斯的休假期

8 月是俄罗斯人休假的季节。莫斯科大有"人去楼空"之感,市内以往堵车的路段如今基本畅通无阻,因为大家都出城休假去了。而这时候如果想找谁采访就难了,办公室和家里都没人,手机八成也关机。好不容易打通了,对方回答"我正在某地休假,一切事儿等我休假后再说"。休假是俄罗斯人每年的头等大事,从领导人到黎民百姓,都是雷打不动的。一位俄罗斯朋友十分认真地对《青年参考》报记者说,"休假是我们的权利,我们必须要用好这一权利。列宁说过'不会休息的人就不会工作',我们认真休假就是为了更认真地工作。"苏联时期,政府机构、科研院所、大型企业甚至集体农庄的工会都会给本单位职工发放免费暑期疗养证,提供优惠甚至是全免费的休假疗养条件。

如今,除了少数单位和大公司还延续这一惯例,绝大多数人休假就只能靠自掏腰包了。俄罗斯人夏天休假不是去旅游观光或参观名胜古迹,而是清一色地奔着阳光、海水和沙滩去的。俄罗斯的冬季漫长,一年中大部分时间都要在寒冷和阴云中度过。所以,俄罗斯人对阳光有一份特殊的感情,他们认为最好的休假方式就是"日光浴"。在俄罗斯,最典型的恭维话常常是在对方休假归来时说"你晒黑了,晒得更健康了,气色不错"。为了让阳光普照到每一寸肌肤,有些女士甚至脱去上衣,大大方方、旁若无人地与阳光"亲密接触"。

当然,有些俄罗斯人的休假方式也在悄然变化着,近两年一些俄罗斯新贵开始流行休假时到非洲去打猎。据说,为期一周左右的非洲打猎式休假至少需要1万美元。不过,对俄政府高官来说,休假便没那么"无拘无束"了。因为,根据俄总统梅德韦杰夫今年2月签署的命令,俄政府各部部长及俄总统办公厅负责人在出国休假时,应以书面形式向总统汇报自己的休假地及休假天数。

消息人士称,俄总统出台这一政策主要是因为,俄高官在境内的某些超豪华休假已对国家形象产生了负面影响,更何况在现今金融危机的情况下,更会引起俄民众的不满。

(资料来源:青年参考,2009-08-14.)

2.1.2　国外奖励旅游的发展

奖励旅游活动诞生以后很快就显示了其旺盛的生命力,发展的过程中虽然受到了第二次世界大战以及经济衰退的影响,但最终还是普及到了世界各地。纵观以北美和欧洲为代表的国外奖励旅游的发展历程,大致可以划分为3个阶段。

1) 萌芽阶段(20世纪20—50年代中期)

在北美,奖励旅游诞生后的很长时期内,其应用范围仍然主要是销售业,绝大多数奖励旅游由企业自己组织、实施,团队规模不大,受交通工具的限制短程奖励旅游盛行。20世纪20年代末期,体型较大较为安全的客机开始投入使用,航空旅行的吸引力越来越大,到1939年时,欧美各主要城市间已经有了定期客运航班。航空交通的发展带动了远程奖励旅游的发展,美国公司开始将奖励旅游目的地瞄准欧洲,并将奖励旅游作为激励员工方式的观念初步输出到了欧洲,英国、德国、意大利和法国成为欧洲接受奖励旅游观念最快的国家。与此同时,人们逐渐认识到奖励旅游不仅是有效的促进销售的手段,还有增强士气、鼓舞干劲、提高雇员生产效率和工作效益、争取特殊的经营对象等作用。与传统的现金奖励和物质奖励相比较,奖励旅游有自身独特的优势,奖励旅游在企业管理方面的突出作用初步显现,于是许多非销售部门也开始实施奖励旅游计划。

2) 发展阶段(20世纪50年代中期—90年代初期)

到了20世纪50年代中期,喷气式飞机开始用于民航,这些飞机不仅更安全、更舒适,而且速度更快,票价也更便宜。飞机速度的提高使得旅行的时间进一步缩短,机票价格的降低使旅行的成本大大降低,从而使航空旅行不断普及。随着航空业的大发展,越来越多的公司加入了实施奖励旅游的行列,美国的奖励旅游兴盛起来,奖励旅游尤其是远距离的长途奖励旅游增长速度加快,此时欧洲成了美国奖励旅游最主要的海外目的地。美国出境奖励旅游的大发展,一方面在输出奖励旅游观念的同时,带来了欧洲奖励旅游市场的繁荣,英国、德国、意大利和法国很快就成了欧洲推行奖励旅游最主要的国家。奖励旅游目的地开始扩散,由欧洲、北美扩散到了大洋洲和亚太部分国家和地区,并逐渐和会议展览结合在一起。

这一时期,人们对奖励旅游的认识在进一步深化,但不同的国家对奖励旅游的理解也出现了一定的差异。在美国,一直试图通过奖励旅游建立竞争性的氛围,因此非常强调预先设定目标,强调对奖励旅游参与者的资格进行审核,因此在奖励旅游活动设置方面,美国的奖励旅游特别强调"非比寻常",强调豪华甚至是"奢华的旅游",住宿设施非5星级不住,旅游目的地通常是文化和历史名城、中心城市。但是在欧洲,奖励旅游虽然还保持着对员工业绩进行激励的初衷,但正如国际奖励旅游高级经理人协会(Society of Incentive Travel Excutives,SITE)一次名为"认识奖励旅游:不列颠和爱尔兰"的研究所显示的,许多公司使用这种激励性的奖励旅游活动是为了建立雇员的团队精神或者是为了对雇员进行培训,希望在旅游的过程中让同事间的感情变得更加融洽。为此,欧洲的公司并不想将奖励旅游办成奢华的活动,这些公司非常强调旅行中的活动组合,而并不是过多地考虑入住酒店的档次(一般是3~4星级酒店),目的地通常是和公司有业务联系和有业务兴趣的地区。而在亚洲的新加坡,大多数公司使用奖励旅游的目的是表示感谢或激励士气,在实施奖励旅游前甚至有89%的企业没有预先为奖励旅游的参与者设立目标。

奖励旅游从萌芽开始一度由公司自己策划并实施,奖励旅游的迅速发展促使了专业奖励旅游公司的诞生。一般认为EF麦当劳是奖励旅游的革新者,作为一家行李箱厂的库房管理员,他注意到一位NCR代表前来提取货物,并了解到行李箱被作为对经销商的奖励,他认为如果行李箱可以用作奖励,旅游也可以。由此诞生了专业奖励旅游代理。

其后S&H旅游奖励、马立兹和一些其他公司也加入了这个行列,并逐步发展成为3类专门从事奖励旅游业务的机构(HOUSES):全方位服务奖励公司(Full-Service Incentive Company);单纯安排旅游的奖励旅游公司或称为完成型奖励旅游公司(Fillment Type of Incentive Company)。

奖励旅游部(Incentive Travel Department)负责奖励旅游的各种细节问题,它们不仅与航空公司和饭店商议,协调交通、住宿、饮食、游览、娱乐和会议等活动,还负责准备促销宣传品,甚至可以参与制订奖励旅游的目标等内容。

随着奖励旅游的成长,奖励旅游的促销手段发生了质的改变,欧洲会议与奖励旅游展(EIBTM)、会议奖励旅游展(IT&ME)、国际奖励旅游高级经理人协会纷纷创立,推动了奖励旅游的进一步繁荣。

3)成熟阶段(20世纪90年代初期至今)

进入20世纪90年代初期,人们对奖励旅游的认识更加全面、更加深刻,奖励旅游的内涵变得越来越丰富,奖励旅游作为一种有效的企业管理手段被纳入企业的管理系统,被国外许多企业或机构证明是增强员工集体荣誉感和凝聚力,有效调整企业上下层职员关系,加强团队建设,促进企业业务发展,塑造企业文化的重要手段,产生了十分显著的效用(表2.1)。欧洲的奖励旅游市场每年以3%~4%的速度增长,与世界旅游市场的发展几乎同步。奖励旅游的应用范围也更加宽广,根据国际奖励旅游高级经理人协会的调查,在北美和欧洲有61%的公司使用奖励旅游计划改善服务质量,有 50%的公司使用奖励旅游计划激励公司雇员,有 72%的公司将奖励旅游的目标瞄准了办公室雇员。

表 2.1 对奖励旅游的认知情况

对奖励旅游的认知	人数占比/%
奖金休闲度假,利于提高工作效率	63
获得与公司领导和同事交流的机会	53
利于团队精神的培养	53
体现个人荣誉,激发工作热情	44
树立企业文化,宣传公司形象	31

资料来源:董媛.奖励旅游产品实施效应研究——以重庆奖励旅游市场为例[J].旅游学刊,2006(5):33-36.

奖励旅游在延续美国奖励旅游方式的同时,出现了多样化的趋势,探险奖励旅游等新的奖励旅游方式纷纷出现;奖励旅游的参与人员也不再局限于对企业直接作出贡献的工作人员,家庭奖励旅游逐渐纳入了企业管理人员的视野。展览会在奖励旅游市场宣传与拓展中发挥着不可磨灭的作用。2018 法兰克福国际会议及奖励旅游展(IMEX)参展单位 3 500 余家,覆盖 150 多个国家和地区;业内参观者 9 000 余人。2019 年西班牙巴塞罗那商务及会奖旅游展览会(IBTM World)聚集了来自 103 个国家的 5 601 家参展商和来自 82 个国家的 3 416 位买家,以及近 5 300 名观众。展会期间,进行了 70 多个涵盖不同领域的商务会奖知识的培训会。必须说明的是,在欧洲、美国奖励旅游获得大发展的同时,澳大利亚、加拿大以及亚洲部分国家和地区的奖励旅游也在蓬勃发展着。因为发展时期相对较晚,这些国家充分接受了北美和欧洲的奖励旅游观念,许多国家和地区没有经历奖励旅游的萌芽阶段(或者萌芽时期非常短暂)而直接进入了奖励旅游的发展阶段,并且形成了具有地方特色的奖励旅游理念,甚至发挥了后发制人的威力,很快就进入了奖励旅游的成熟期,比如加拿大、新加坡和中国香港等国家和地区就是如此。

2.1.3 国外奖励旅游的发展特征

国外奖励旅游经过了 20 世纪七八十年的发展(主要是北美和欧洲国家,而在亚太地区真正的奖励旅游发展不过 20 年),几近成熟。奖励旅游理念逐渐深入企业中,SITE 的研究显示,95%的受调查公司赞同对销售人员实行奖励旅游计划,奖励旅游成了企业常用的管理手段之一,其机制更加健全、灵活。具体而言,国外奖励旅游发展呈现出下述特征。

1)奖励旅游发展更趋于人性化

国外奖励旅游的发展充分迎合了个人要求得到承认和尊重的心理需求,更加人性化。这一点不仅可以从奖励旅游中员工的重要性看出来。更体现在"家庭奖励旅游"——奖励员工和配偶一起旅游,虽然有人认为在国际上由于双薪家庭十分普遍,通常很难设计一种夫妇双方可以共享的奖励旅游方案,但资料显示,家庭奖励旅游的确开始兴起,以世界上最大的旅行管理公司——美国运通为例,公司制订了三级奖励方案,不论员工能力大小,都能得到相应的奖励,而最佳合格者,将得到最高奖励——带上配偶,去进行一次费用全包的度假旅游,同时发给一笔零用费,见表2.2。

表2.2　影响活动策划的因素

奖励旅游的决定权	各因素占比/%
员工意见	65
财务预测	75
竞争对手的反应	40

资料来源:刘颀.经济变革2015奖励旅游人均要花4 000美元——奖励旅游研究基金会年度报告(上)[J].中国会展,2015(10):34-39.

2)奖励旅游客源市场更倾向于高利润、具有挑战性的行业

奖励旅游诞生以后,客源市场在不断拓展,奖励旅游的主要使用者也在不断地发生变化,1996年奖励旅游前十位使用者占到了奖励旅游市场总数的56%,这些行业依次是保险、汽车零配件业、电子/收音机/电视、汽车和卡车、暖气和空调、农用机械、办公设备、家用电器、建筑、卫浴用品/化妆品;而到了2002年奖励旅游市场更加集中,前十位使用者占奖励旅游市场总数的比例上升到了70.90%,行业也发生了很大的变化,依次是保险、汽车和卡车、计算机/高科技、医药、金融、传媒、食品、餐具/炊具、保健、办公设备(表2.3)。从奖励旅游市场行业结构的变化可以看出,国外奖励旅游客源市场更倾向于高利润、具有挑战性的行业,尤其是新兴的技术含量较高的行业,而保险和汽车制造业仍高居奖励旅游市场的榜首地位。近年来,汽车、保险、直销、信息技术、电器和制药业依然占据奖励旅游的主要市场。

表2.3　奖励旅游前十位使用者

行业	2002年占比/%
保险	24.10
汽车和卡车	15.60
计算机/高科技	7.00
医药	7.00
金融	4.50
传媒	4.00
食品	4.00
餐具/炊具	2.70
保健	2.70
办公设备	2.40
前十名占奖励旅游市场总数	74

资料来源:美国Cruise Holidays of Federal Way奖励旅游公司报告。

3）奖励旅游目的地选择的影响因素众多，目的地选择的倾向明显

奖励旅游由于其目的地、开放性和旅游性，极易受到外界因素影响，如极端天气、流行病、传染病等。新冠肺炎疫情（COVID-19）期间，对参会者的健康和安全的关注已经远远超过了其他因素（表2.4），因此奖励旅游策划者在选择目的地时，对目的地当地的防疫政策成为首要考虑因素。当前全球最受欢迎的奖励旅游目的地见表2.5，亚太地区的中国香港、泰国、越南、韩国和新加坡最受欢迎，而EMEA地区的英国、西班牙、法国、希腊和阿联酋最受欢迎。

表2.4 影响奖励旅游策划者选择奖励旅游目的地的主要因素

目的地选择因素	占策划者百分比/%
当地防疫政策	100
参加人员	100
活动项目	78.5
成本	50

资料来源：付晓.健康安全先行 2021 年会议和奖励旅游行业调查[J].中国会展（中国会议），2022(8):34-37.

表2.5 全球部分地区最受欢迎的奖励旅游目的地

亚太区奖励旅游目的地	EMEA（欧洲、中东、非洲）地区奖励旅游目的地
中国香港	英国
泰国	西班牙（巴塞罗那）
越南	法国
韩国	希腊
新加坡	阿联酋（迪拜）

资料来源：刘慧慧.2018 奖励旅游报告[J].中国会展（中国会议），2018(24):72-77.

从表2.4、表2.5可以看出，国外在奖励旅游目的地选择方面一般倾向于：

①著名的风景旅游城市、历史文化名城。这些城市环境优美，清洁卫生。

②地区的中心城市或首都。这些城市的交通、通信、银行、金融等较发达，覆盖面大，有相当的吸纳和辐射能力。

③国际性都市。当地驻有较多国际性的常设机构或国际组织，以此作为接纳国际奖励旅游的媒介。

④具有较完备的接待能力。在硬件方面要求有4、5星级酒店和相应的娱乐设施，以及计算机设备、旅馆、会场等服务设施，在软件方面则对现代化的管理水平与服务质量要求较高。

⑤较好的气候环境和社会环境，治安良好，社会文明。

⑥良好的目的地形象，交通畅达。

4）专业奖励旅游机构较健全

奖励旅游一度只由公司进行策划，但奖励旅游区别于一般常规旅游的特征，使得奖励旅游的运作变得更加复杂，为了适应奖励旅游的迅猛发展，国外专业的奖励旅游机构纷纷建立。这些机构不仅包括具有政府职能的奖励旅游局，同时包括企业性质的专业机构。在美国，这些机构被称为"动力所"（Motivational House），其不仅策划奖励旅游活动，而且还为需要购买奖励旅游的公司组织安排奖励旅游。在国际上，从事奖励旅游业务的机构基本分为3类，即全方位服务奖励公司（Full-Service Incentive Company）、完成型奖励旅游公司（Fulfillment Type of Incentive Company）和奖励旅游部（Incentive Travel Department）。

（1）全方位服务奖励公司

全方位服务奖励公司在奖励旅游活动的各个阶段都向客户提供全方位的服务和帮助，从策划到管理这次奖励活动，从开展公司内部的沟通、召开鼓舞士气的销售动员会到销售定额的制订，同时要组织并指导这次奖励旅行。这类服务相当全面，持续的时间很长，还要访问不同厂商与销售办事处，所以此类公司获得的报酬是按专业服务费加上旅游服务销售的通常佣金来收取的。

（2）完成型奖励旅游公司

完成型奖励旅游公司实际上是单纯安排旅游的奖励旅游公司，通常规模较小，多数是全方位服务奖励旅游公司原来的管理人员创办的。其业务专门集中于整个奖励活动的旅游销售上，而不提供奖励活动中需要付费的策划帮助。他们收益来自通常的旅游佣金。

（3）奖励旅游部

奖励旅游部是设在一些旅行社里从事奖励旅游的专门业务部门，其中部分奖励旅游部有能力为客户提供奖励旅游策划类的专业性服务。

5）奖励旅游市场推广活动趋向展会化、定期化

国外奖励旅游市场发展越来越成熟，推广活动出现了质的飞跃，展览会成了奖励旅游主要的信息交流平台之一。在众多展会中，EIBTM展（欧洲会议与奖励旅游展）和IT&ME展（芝加哥会议奖励旅游展）具有较强的代表性。EIBTM展是世界上重要的、专业水平高、交易实效好的会议、奖励和公务旅游展之一，每年5月份举办一次；IT&ME展是世界上较为重要的会议和奖励旅游展，每年9月份举办一次。此外还包括EIMTM（日内瓦国际会展旅游展），ITCMA（马来西亚亚太奖励旅游和会议展览）等。买卖双方交易活跃，成交额占据了国际奖励旅游市场中的大部分份额。

6）奖励旅游的发展得到了政府的支持

在国外，一些国家奖励旅游的发展受到了政府政策的支持，如美国允许将销售额的2%作为奖励旅游经费，这部分费用可以计入公司成本，而且不计入个人收入。这样奖励旅游就成了合法的避税手段而得到了企业的高度重视，无形中推动了奖励旅游的发展。

【资料链接】

IBTM 行业发展趋势与市场研究报告（2021）

2020 年全球经济形势

受新冠肺炎疫情的影响,预计全球产出将收缩 2.5%,预测变化近 5%,这代表着比 10 多年前全球金融危机期间更严重的收缩。世界经济论坛于 2020 年 6 月发布的《世界经济展望》支持了这些发现,预测全球经济将萎缩 4.9%。两份报告都指出,这种对增长的负面影响将通过需求和供应渠道产生,检疫措施、疾病、负面的消费者和企业的情绪将抑制需求。与此同时,工厂的关闭、供应链的中断、许多行业的冻结以及当地和全球旅行的减少,都将对供应产生剧烈影响。此外,对消费者信心和需求的损害将是持久的,不确定性的增加将导致家庭预防性储蓄的增加,限制私人消费和消费支出的复苏,并推迟商业投资。报告还进一步强调了这种经济衰退的人力成本以及对低收入家庭的不利影响。

新冠肺炎疫情深刻影响了消费者行为甚至环境政策,如消费者的情绪正在推动围绕全球可持续性以及社会与地球的关系展开新的对话。同样,大流行影响了世界各地正在进行的一些最大的政治竞赛,尤其是在 IBTM 世界虚拟大会之前举行的美国总统选举……这些事态发展的结果将影响大流行后世界的全球经济。

会奖表现

公司会议

大多数行业有举行会议和相关活动的需要,能为公司提供关键服务,包括从知识信息共享到营销。但是受到 2020 年新冠肺炎疫情的影响,经济停摆,公司的商务会议难以为继,而技术已经成为大众传播的一种手段,线上会议变得流行。公司正在接受数字活动作为可靠的选择,他们也开始对虚拟活动的业务潜力充满信心。报告指出:会议行业正处于不断变化的状态,对未来的信心水平会随着 COVID-19 病例水平、商务旅行限制以及对面对面的活动与虚拟活动相比价值的看法而起伏不定。大多数受访者认为,这些替代方案不仅会持续存在,而且会随着时间的推移而得到改善。但有一个一致的结论:希望尽快恢复面对面的会谈。在企业会议市场回归的下一步中,消费者信心至关重要。随着卫生服务开始获得更多控制,人们要求回到线下会议。

协会会议

据报告,"2019 年标志着一个十年的结束,在此之后,由于 COVID-19 大流行,(协会)会议行业十有八九将彻底改变。它让我们有机会反思 57 年的会议数据,因为我们正在思考如何在这个新的现实中前进"。

就协会会议主题而言,医学科学(17%)、技术(15%)、科学(13%)是最受欢迎的 3 个国际协会会议主题。无论这些会议以何种形式举行,无论是现场、在线还是混合形式,很明显,随着我们进入后疫情时代,这些部门都将在社会如何运转方面发挥非常重要的作用。

就国家排名而言,美国继续保持领先地位,法国升至第三位,西班牙发现自己的位置降低一位。此外,按会议次数计算,欧洲在区域中所占份额最大,在 2019 年举行的所有会议中占53%,亚太地区紧随其后,占 23%。

报告还对过去半个世纪以来该行业的变化进行了宏观分析。援引 1963 年与 2019 年数据进行比较,欧洲和北美的市场份额总共失去了其他地区近四分之一,其中亚洲的增长幅度最大(16%)。中东地区在估计总支出方面显示出最大的增长,在 2010—2019 年,所有地区的市场份额保持不变,而中东的市场份额为 88%(9 600 万美元),是过去十年中最大的增长。

最后,由于这个市场有望在未来几年恢复正常,协会会议最受欢迎的月份保持不变:6 月、9月、10 月是最受欢迎的,而冬季的月份——12 月、1 月和 2 月——则被普遍避免。然而,协会会议是一个在满足其所服务行业的需求方面显示出动态能力的市场,改变这种传统的季节性结构可以为主办城市和场馆提供更多的机会,并为协会及其代表团提供更大的灵活性。

奖励旅行

在会议和活动市场的所有行业中,很难找到一个行业像"奖励旅游"(Incentive Travel)这样受到全球大流行的严重打击行业。虽然许多活动能够转向数字化,或创建小型的本地会议,刺激了部分市场,但对于奖励性旅游市场而言,情况就不那么乐观了。该报告基于对 36 名行业领袖的采访和小组讨论、来自 250 多名行业领袖的投票结果以及来自全球 791 名成年工作人员的调查结果,指出国际旅行,特别是大型团体旅行可能不会恢复到以前的标准。

然而该研究也有积极的发现:企业和消费者将开始"渴望旅行……专注于在驾驶距离内的安全目的地或短途航班的新体验"。同样,那些推迟了奖励旅行计划的公司表示,他们强烈需要继续表彰和奖励优秀员工。当奖励旅游项目被取消时,它们通常会被积分、商品或礼品卡取代,企业对奖励旅行的需求仍然存在。激励研究基金会也通过其激励旅游业指数对激励行业的当前和未来状况进行了进一步报告:尽管奖励性旅游受到明显的限制,但由于企业继续看到了奖励旅游的好处,并且在投资这些项目方面保持了财务上的安全,奖励性旅游市场未来将稳步增长,且奖励性旅游的历史趋势表明,随着经济的复苏,激励员工和利益相关者的需求很快就会随之而来,主要原因在于企业希望通过激励员工来实现经济增长。

总结

大流行带来了无数的负面影响。这是会展行业几代人以来面临的最严峻的挑战,但疫情也创造了大量机会。展望未来,这将是一个极具韧性的行业,有热情的员工将引领经济复苏。他们现在将配备新的工具和创新来完成他们的工作。创新将使会议和活动的格局永远变得更好;创新将增加参与者的接触和参与,使活动变得更加包容。

面对面会议的价值得到了加强。数字技术帮忙缩小了差距,但我们在没有真正参与的情况下,在生产力和经验方面经历了显著的损失。社会面临越来越多的挑战,如 COVID-19 大流行的直接影响、围绕平等和种族做的工作、如何应对非常现实的气候变化危机。疫情后,世界迫切需要面对面地解决这些问题,它将依靠会议行业来寻找解决方案,创建新的世界秩序,让社会重新团结在一起。会议和活动将成为这些问题的解决方案。

(资料来源:IBTM 官网行业趋势报告)

2.2 国内奖励旅游发展概述

2.2.1 国内奖励旅游的萌芽

普遍认为,改革开放后随着大批外资企业的涌入,作为先进管理手段的奖励旅游随之进入我国。但编者认为,中国奖励旅游的缘起在某些方面与苏联政府实行的奖励旅游有些类似。确切地说,中国的奖励旅游始于 20 世纪五六十年代,在政府及国有大中型企业兴办的疗养院中所进行的休假疗养活动已经具备了奖励旅游的基本特征。

这些疗养院大多始建于 20 世纪 50 年代,六七十年代成长缓慢,在 80 年代又得到了一定的发展。它们多建在风光旖旎、环境优美的旅游风景区,或依山傍水,或在森林中、温泉旁。来休假疗养的人绝大多数都是政府机关与国有大中型企业经过层层选拔的劳动模范和先进工作者,费用由政府和企业承担,而目的基本上是出于对优秀人员的表彰和激励,这些特征和奖励旅游非常相似,具体见表 2.6。

表 2.6 奖励旅游与疗养院的对比

对比项目	奖励旅游	疗养院
组织者	企业或专业奖励旅游机构	企业或国家
目的	激励	表彰、激励
参与人员	为企业发展作出贡献的优秀人员	劳动模范或先进工作者
目的地	旅游胜地	风景名胜区
费用	免费	免费

2.2.2 国内奖励旅游的发展

20 世纪 80 年代初期,亚洲经济的迅速发展受到了世界的普遍关注,越来越多的公司到亚洲寻求发展甚至将总部迁移到亚洲,奖励旅游作为一种有效的管理手段随之在亚洲传播开来。与此同时,亚洲旅游资源丰富、旅游业发展日益成熟,一些奖励旅游策划者开始选择亚洲作为奖励旅游目的地,1993 年,亚洲一些旅游业发达的国家和地区如泰国曼谷、中国香港等已经接待了为数可观的奖励旅游团,据估计约占其接待总量的 10%。而亚洲日益发达的经济,尤其是亚洲的新加坡、日本、韩国、中国台湾和中国香港等国家和地区的企业开始自己组织洲内的奖励旅游,更是推动了亚洲奖励旅游的发展。但短途奖励旅游仍然是亚洲奖励旅游的主流。

在这样的区域环境背景下,改革开放以后特别是 20 世纪 80 年代末期至 90 年代初期,外资企业大量涌入中国,欧美盛行的奖励旅游观念随之在中国传播。在中国范围内,外资企业和大多数三资企业秉承国际传统,奖励旅游作为其内在的管理手段得到了继承,如友邦保险公司、安利公司、惠普公司、欧司朗公司、IBM 公司、三星公司、微软公司等;民营企业和股份制企业机制灵活,奖励旅游发展也比较迅速;而国有企业因为受国家规定、传统观念等因素的影响却很少看好奖励旅游这种方式,甚至认为奖励旅游是公费旅游,是不正当的。而来自旅行社的统计资料也证明了这种看法:数据显示,预订奖励旅游团最多的还是外资企业,占到 60%,民营企业和股份制企业大约占到 35%,而国有企业仅有 5%。

因为奖励旅游具有"团队人数规模较大;组团时间多在淡季;消费支出较高""利润可观(一般认为,接待奖励旅游团所获收益是接待普通旅游团队的 2~3 倍,甚至高 5~10 倍)"的特征,所以我国越来越多的旅游企业投入了奖励旅游事业中,目前,国旅、中旅、青旅、广之旅、神州国旅、新之旅等多家旅行社都积极地参与了奖励市场开发,并且取得了不小的成绩。中旅总社出境部资料显示,"奖励旅游的组团量已经从原来占组团总量的 6% 上升到了 10%";而国旅假期组织奖励旅游的最高组团数曾超过该社组团总数的 40%;2001 年上半年,仅广东中旅国外部就承办了近千人次的奖励旅游业务,比去年同期增长 80%;新之旅则称,目前奖励旅游收入已经占了该社总收入的一半。

2.2.3　我国奖励旅游的发展特征

我国 20 世纪五六十年代兴起的疗养院虽然已经具备了奖励旅游的基本特征,但与发达国家的奖励旅游相比还有很大的区别,这尤其表现在市场化运作方面。可以说,我国严格意义上的奖励旅游发展还不足 30 年。而在不到 30 年的发展历程中,对奖励旅游的真正重视始于1993 年国家旅游局国际会议司的成立,此后奖励旅游的概念频频出现于媒体报道中并受到部分企业的重视。相对于欧美发达、渐趋成熟的奖励旅游,可以说我国的奖励旅游才刚刚起步、任重道远,当然不能否认的是,我国奖励旅游发展潜力巨大。

1)奖励旅游观念缺乏、认识不足,理论研究滞后

由于发展时间较短,加上我国经济正处于转型时期,人们对奖励旅游还没有形成完善的认知。在企业中,传统的现金奖励和物质奖励仍占据统治地位,部分企业尤其是国有企业还没有充分接受奖励旅游的观念:人们不仅对奖励旅游的作用认识不足,同时在认识上出现了若干误区,如将奖励旅游混同为一般的团队旅游、将奖励旅游混同为公费旅游、将奖励旅游混同为贵族旅游,等等。而在理论研究方面,即便是在 MICE 产业在我国获得了蓬勃发展的今天,人们对"I"——奖励旅游的研究仍旧十分缺乏。

2)奖励旅游以短途、观光为主,团队规模较小,消费层次相对较低

因我国奖励旅游的发展刚刚起步,故对成本关注较高。在这种状态下,奖励旅游表现出了以短途、观光为主,规模较小,消费层次较低等特征。

国内奖励旅游主要以短途为主,从距离上来看,奖励旅游目的地多数分布在公司所在地区或周边地区;从时间角度讲,奖励旅游一般在 3 天以内。当然,大规模的奖励旅游团队确实存在着,但在现阶段并没有占据国内奖励旅游的主流地位。

在"以短途、观光奖励旅游为主,规模较小""奖励旅游目的地选择要求较低""关注奖励旅游成本"等因素影响下,国内的奖励旅游相应地表现出了消费层次较低的特征。

3）实施奖励旅游的企业主要是"三资企业"与民营企业

根据来自旅行社的统计,在我国,奖励旅游团队主要来自外资企业,占总数的60%,民营企业和股份制企业约占35%,而国有企业仅仅占到5%。在奖励旅游客源市场的行业构成方面,汽车行业位居奖励旅游使用者的首位,以信息技术为代表的高新技术企业位居第二,其余依次为保险业、酒水、制药、食品、电器、游戏和直销行业等。

4）奖励旅游目的地选择要求较低

相对于国外对奖励旅游目的地"著名的风景旅游城市""历史文化名城""地区中心城市或首都""国际性城市""五星级甚至是超五星级酒店"相比较,国内对奖励旅游目的地的要求要低得多。

国内奖励旅游目的地的选择并不严格,并非所有活动都是在5A级景区进行,选择的酒店也不都是在4星和5星等高星级酒店,许多活动是在2A、3A级景区(点)内,以及2星级、3星级酒店进行的。即便选择国外的奖励旅游目的地,也一般是亚洲邻国。这很符合亚太地区对奖励旅游成本高度关注的特征。

以北京地区的奖励旅游目的地为例,从表2.8可以看出,国内奖励旅游目的地的选择并不严格,许多活动都是在2A、3A级景区(点)内,二星级、三星级设施基础上进行的,即便选择国外的奖励旅游目的地,也一般为亚洲邻国,这很符合亚太地区对奖励旅游成本高度关注的特征。

当然,国内对奖励旅游目的地的选择仍然有着一定的要求,主要为:
①风景名胜区、历史名城,环境清新、文化底蕴深厚。
②娱乐项目齐全,硬件设施相对完善。
③交通便利,邻近公司所在地……

5）奖励旅游主要由旅行社操作,奖励旅游部初现端倪

奖励旅游这一新型的旅游形式登陆中国以后很快就受到了旅行社的关注,国内越来越多的旅行社开始经营奖励旅游。目前,国旅、中旅、青旅、广之旅、神州国旅、新之旅、港中旅、沛达国旅等多家旅行社都积极地参与了奖励旅游市场开发,并且取得了一定的成绩。在操作奖励旅游团队时,基本上和常规旅游团队没有太大区别,以致神州国旅奖励旅游部刘经理将其评价为"只不过是在其他旅游产品上加上一些小作料,比普通的旅游多了一些内容而已"。在发展中,人们逐渐认识到了奖励旅游操作的独特性,一些旅行社参照国外奖励旅游的发展经验成立了奖励旅游部,在一定程度上推动了我国奖励旅游的专业化发展。其中比较有代表性的是中国旅行社总社国际会议奖励旅游部。在业务范围上,虽然部分旅游部也为企业策划相关的奖励旅游活动,但主要还是以奖励活动的旅游销售为主,从一定程度上讲这与国外的奖励旅游部非常相似。

6）奖励旅游地区发展不平衡

奖励旅游对地方经济、基础设施、人文与自然环境、人力资源等都提出了较高的要求,在发

展的过程中都呈现出了地区不平衡的状况。这种不平衡主要表现在两个方面：一是奖励旅游客源地分布不平衡；二是奖励旅游目的地分布不平衡。

奖励旅游客源地的分布，主要是在经济发达地区，尤其是外资企业、民营企业密集的长江三角洲地区、珠江三角洲地区和环渤海地区以及中西部地区。

奖励旅游目的地多集中在交通便利、娱乐设施、接待硬件设施相对完备的风景名胜区和旅游城市内，大都市、中心城市目前不是国内奖励旅游的主要目的地。

最后，必须强调的是，国内奖励旅游的特征是相对于国外发达的、日渐成熟的奖励旅游而言的，而不是相对于国内其他旅游形式。例如在旅游花费上，国内奖励旅游消费与国外奖励旅游消费相比较是较低的，但仍然是国内观光、度假等旅游消费的 2~3 倍，甚至是 5 倍。

7）我国奖励旅游的发展成就

①奖励旅游作为一种管理手段在部分企业，主要是在外资企业、合资企业以及部分民营企业中得到一定的普及。

②奖励旅游的发展初步受到了国家的重视，故成立了国际会议司，专门负责全国会议奖励旅游及展览在国际市场上的宣传推广，对我国奖励旅游的发展起到了积极的促进作用。

③奖励旅游的收入与市场份额在逐年提高，我国成了未来全球较热的奖励旅游目的地之一。

④旅行社积极参与奖励旅游市场开发，专业的奖励旅游部初现端倪，奖励旅游已成为部分旅游企业的主要业务。

⑤上海、北京、广州等地加快了奖励旅游发展速度，专业人才引进力度加大，奖励旅游培训广受欢迎。

⑥国际奖励旅游市场开拓进程加快，国际奖励旅游展会受到了国内政府部门、旅游业界的重视。

8）我国奖励旅游的发展潜力

随着欧美成熟奖励旅游理念的传播，我国部分企业特别是外资企业、合资企业、民营企业和股份制企业的奖励旅游进程日益加快，形成了众多的国内奖励旅游客流。

我国日渐发达的国民经济、丰富的旅游资源、日渐成熟的旅游业对世界奖励旅游发达国家的吸引力越来越大，国外输入的奖励旅游客流增多。

欧洲会议、公务和奖励旅游展对所有参加展览的参展商、会奖旅游买家及有关业内人士的抽样调查表明，2020 年后中国将成为全球最热的奖励旅游目的地之一，中国列第五位，可见世界对我国奖励旅游市场寄予了厚望。

根据世界旅游组织的预测，2020 年中国将成为世界上最大的旅游目的地，也是排名第四的旅游客源地，这一切对我国奖励旅游的发展无疑会起到极大的促进作用。2008 年北京奥运会和 2010 年上海世博会对我国奖励旅游发展的推动作用也不可小视。

【资料链接】

北京发挥"先天优势"促会奖旅游

拥有会奖旅游"先天优势"的北京,正朝着"会都"的目标迈进。在日前举办的2019北京国际商务及会奖旅游展览会上,北京市文旅局副局长曹鹏程披露了北京会奖旅游的最新数据及相关规划。

曹鹏程介绍说,北京的会都模式已初现规模,去年接待国际会议94个,同比增长13.8%。对于北京会奖旅游的发展方向,曹鹏程表示,北京市将继续探路细分市场,促进"会奖+中医养生""会奖+特色节庆""会奖+冬奥""会奖+文化演出"等整合发展,研发具有不同形式、针对不同群体的产品。

会都模式初见规模。北京正成为越来越多国际会议和展览青睐的目的地城市。

"这里有丰厚的历史文化底蕴和优越的自然旅游资源,交通、餐饮、酒店等基础设施也很完善。"曹鹏程表示,北京会都以旅游市场导向、城市商务导向、特色资源支撑为动力,既服务保障中非合作论坛北京峰会、"一带一路"国际合作高峰论坛等主场外交活动,也为中国国际服务贸易交易会等大型的国际展览会议、入境研学旅行团组、专业考察团组等提供完善的服务支撑。"现阶段,普通入境游客在北京的人均消费不到2 100美元,而会奖旅游游客在京人均消费约6 000美元。"曹鹏程透露,近年来,随着越来越多的国际会议落地北京,参会人士在北京停留的时间有所延长,去年在京举办的国际会议中,时间为3~5天的占会议总数近八成。

"今后,在大兴国际机场周边、城市副中心等区域还将陆续有一批新建会奖设施投入使用,未来3~5年北京的会奖旅游承载力将大幅提升。"曹鹏程透露,下一步将重点提升北京会奖旅游的国际影响力,加深与大型国际会议合作,创新办好北京国际商务及会奖旅游展览会、中国会议产业大会等系列活动。北京市相关部门还将简化审批流程,提高审批效率,改善会奖旅游企业的营商环境,完善配套政策,提升北京会奖旅游的吸引力,并加大创新投入,提升人才支撑力。

在曹鹏程看来,未来10年将是会奖旅游业转型升级的重要时期。就此他提出,北京将整合资源,重点培育细分会奖市场的思路,中医养生、特色节庆、冬奥、文化演出等都将成为北京有针对提供相关服务供给的主要方向。

(资料来源:会展快讯网)

2.2.4 国内外奖励旅游发展比较

奖励旅游从美国起源后迅速向世界各地传播,由于多种因素尤其是文化差异的影响,奖励旅游在不同国家的表现有所不同,即便是在奖励旅游发达的北美和欧洲,在其发展过程中也呈现出了一定的差异性。

在国际奖励旅游大发展的背景下,我国奖励旅游也获得了一定的发展,但在多种因素的制约下,我国奖励旅游发展与国际奖励旅游发展还存在着较大的差距,主要体现在以下几个方面:

①企业参与不普遍。

②经济制度的影响。

③政府法规的影响。

④休假制度的影响。

国内外奖励旅游的发展不同具体见表2.7,主要体现在下述两个方面。

表2.7 国内外奖励旅游发展比较

比较类别 比较项目	国外奖励旅游	国内奖励旅游
起源原因	经济	政治
发展速度	较慢	较快
旅游产品	个体自由度假为主	团体组织观光为主
旅游范围	全世界	主要是本国及周边地区
中间机构	奖励旅游部	旅行社
活动目的	激励为主,关系为辅	形象为主
市场营销	行业协会	政府或企业

1)奖励旅游的理念有所不同

在美国,一直试图通过奖励旅游建立竞争性的氛围,特别强调预先设定目标,强调对奖励旅游参与者的资格进行审核。

在欧洲,许多公司举办奖励旅游活动是为了使雇员树立较强的团队意识或者是为了对雇员进行培训,希望在旅游的过程中让同事间的感情变得更加融洽。

在新加坡,大多数公司使用奖励旅游的目的是表示对员工的感谢或激励员工士气,在实施奖励旅游前甚至约有89%的企业没有预先为奖励旅游的参与者设定目标。

目前在我国,实施奖励旅游的目标与新加坡比较相似,企业也往往不对参与者设定目标。

2)奖励旅游的内容安排不同

对奖励旅游的不同认识,进而导致了奖励旅游内容安排、消费层次等方面的差异。

在美国,非常注重奖励旅游的豪华性,在实施奖励旅游活动时往往不太关注成本,住宿设施追求高等级、偏爱五星级或者超五星级豪华酒店,旅游目的地也通常是中心城市、地区首府。

在欧洲,大多数公司并不想将奖励旅游办成奢华的活动,不过多考虑入住酒店的档次(一般为3、4星级酒店),而是特别强调旅行中的活动组合,目的地通常是和公司有业务联系和业务兴趣的地区。

在新加坡,奖励旅游活动的成本对目的地选择的影响至关重要。

在我国,由于成本等因素的影响,短途奖励旅游盛行,目的地往往集中在公司所在地区内或者附近,旅游项目也比较单一。

2.3 我国奖励旅游发展的问题及对策

2.3.1 我国奖励旅游发展中存在的问题

1)对奖励旅游认识不足

(1)企业对奖励旅游的认识不足

①对奖励旅游的作用认识不足。在我国,大部分企业尤其是国有企业对奖励旅游的作用认识不足,经常将奖励旅游和现金奖励、物质奖励等常规奖励方式等同,事实上,奖励旅游的作用丰富得多。

②对奖励旅游的本质认识不足。许多企业将奖励旅游简单地等同于企业福利,事实上奖励旅游绝不是简单的企业福利,奖励旅游有着其内在的本质内涵。从本质上说奖励旅游是一种管理手段,其行为不仅是对参与者的奖励,更是对企业自身的宣传,是为了增强员工对企业的认同感、为了开拓市场、为了树立企业的形象。

③奖励旅游没有受到足够的重视。对奖励旅游的作用和本质认识不足,最直接的结果可能就是在我国大多数企业中奖励旅游没有得到足够的重视,一组数据可以充分说明这一现象:世界每年奖励旅游客源总数达 350 万人,其中,美国占到总数的 50%,而中国目前只占总数的 1%。

(2)旅游业界对奖励旅游的认识不足

与观光、度假等常规旅游相比较,奖励旅游因其行程安排、费用、目的和预期效果的不同而显示出了其自身的独特性。在我国,由于奖励旅游发展较晚,奖励旅游几乎是以"新生事物"的形象展现在人们面前,因此难免会产生一些误解,认识并辨析这些误区对我国的奖励旅游发展将会起到积极的促进作用。

旅游业界作为奖励旅游直接的运作者,对于推动我国奖励旅游的发展有着不可推卸的责任,但事实上我国旅游业界对奖励旅游的认识还很不完善,主要表现在下述 3 个方面(表 2.8)。

表 2.8 奖励旅游与一般团队旅游的差异

比较类别 / 比较项目	奖励旅游	一般团队旅游
本质	管理工具	—
目的	多样性	相对比较单一
费用	公司买单,使用者免费	多是自费
参与人员	经过一定程序审核	多为自愿报名
活动安排	独一无二	旅游线路化、模式化
服务规格	VIP 礼遇	一般礼貌服务
效果	实现企业管理的多种目标	获得精神满足

①误区一：将奖励旅游等同为一般的团队旅游。在对奖励旅游认知和探索的过程中，我国经常出现以下类似的报道："一家跨国公司的总裁在下属的一家合资企业对业绩突出的销售人员进行奖励的计划中增添了奖励旅游的方式。这家合资企业的人力资源主管就照葫芦画瓢，为几名受表彰者在一个观光旅游团报了名。事后她被告知，她的做法与总裁想的不是一个层面上的事"。

②误区二：将奖励旅游等同于公费旅游。根据旅行社的调查，现在国内奖励旅游市场多面向外资或合资企业，国有企业很少看好奖励旅游这种方式，其中最主要的原因就在于"多数人觉得奖励旅游就是公费旅游，是不正当的"。事实上，奖励旅游与公费旅游有着密切的联系，但不等于公费旅游。

从 20 世纪 80 年代开始我国对公费旅游就有许多规定，公费旅游成了国家明令禁止的领域。有些学者认为，公费旅游本质上是一种由公款挥霍开路、与政策背道而驰、以工作掩人耳目的腐败现象。它具有以下 3 个主要特点：一是费用源自国家；二是支出最终目的是旅游；三是以考察、学习、培训、招商和参展之名，行享乐之实。

③误区三：将奖励旅游等同于贵族旅游。为了达到最佳的激励效果，奖励旅游非常强调"非比寻常"，需要强调的是这里所说的"非比寻常"并不完全指奖励旅游的高消费性，而是指在整个旅游行程安排方面奖励旅游很独特，力图给参与者留下难忘的经历。

比如在 VIP 礼遇方面，主要突出的是温馨的服务，诸多的惊喜如航班上的菜单、客房的信纸（或信封）上印有客人的名字等；在难忘经历塑造方面，主要方式是构思巧妙的欢迎晚宴、主题宴会、研讨会、惜别晚宴等。当然，奖励旅游不等同于贵族旅游，因奖励旅游还是有层次性的。

2) 奖励旅游市场操作混乱

与发达国家奖励旅游市场操作习惯不同，我国奖励旅游市场主要是由旅行社来操作，我国旅行社业的现状是：数量多、规模小、实力弱、管理水平低、科技含量不够、业务范围窄、竞争力不足等。

在奖励旅游高消费、高利润的刺激下，许多旅行社一哄而上经营奖励旅游，而没有认真去考虑奖励旅游的高层次、严要求等问题。

事实上，奖励旅游团队规模较大、行程安排紧凑，对整体项目策划、成本费用控制、通关、机场作业、饭店安排、行李分送、车辆使用等服务环节都有很高的要求，承办奖励旅游的旅行社必须具有相当高的专业素质、经济实力、临时应变能力和危机处理能力，而中国绝大多数旅行社尤其是中小旅行社目前还不具备这种实力。

旅行社不求经营奖励旅游的结果，从表面上看是将奖励旅游办成简单的游山玩水式的"填鸭式"旅游，与一般的观光旅游没有具体的区别，员工也没有真正体会到奖励旅游的意义。而从深层次看则是将人们对奖励旅游的理解引向一个误区，企业参加完这种奖励旅游以后，无法实现预订的目标，长此以往也就失去了对奖励旅游的信心；对员工而言这样的奖励旅游也无法体现激励价值，这对于处于发展阶段的我国奖励旅游而言有百害而无一利。

3) 奖励旅游有大众化倾向

"将奖励旅游等同于一般的旅游团队"与"旅行社市场操作混乱"，其最直接的结果就是造成了奖励旅游的大众化倾向,即"只不过是在其他旅游产品上加上一些小作料,比普通旅游多了一些内容而已"。

2.3.2 我国奖励旅游发展面临的挑战

1)旅游资源丰富,奖励旅游产品匮乏

我国是个世界性的旅游资源大国,目前(截至 2022 年 7 月)拥有各类世界遗产 56 处(其中文化遗产 38 处,自然遗产 14 处、自然与文化双遗产 4 处),5A 级景区 318 个,4A 级景区 3 930 家,中国优秀旅游城市 339 个。与旅游资源的丰富性形成鲜明对照的是,我国的奖励旅游产品尤其是符合国际要求的奖励旅游产品是相当匮乏的。

奖励旅游产品是个复合体,它综合了奖励旅游消费者、奖励旅游购买者和奖励旅游策划者多方面的要求,往往是文化、管理、技能、服务、旅游资源、设施、娱乐等因素的综合。我国的旅游资源虽然相当丰富,但相应的旅游交通(尤其是航空运输)、通信、娱乐等设施还不尽如人意;而在旅游服务方面,特别是在专业的奖励旅游从业人员队伍建设方面与奖励旅游发达国家还存在着较大的差距。上述软、硬件的差距和不足,是造成我国旅游资源相当丰富而奖励旅游产品极其匮乏这一尴尬局面的最主要原因。

2)奖励旅游专业人才缺乏

经营奖励旅游比一般的常规旅游要复杂得多,其是否能够成功取决于多种因素,这对奖励旅游从业人员提出了非常高的要求:具备专业知识、富有创造力、愿意面对变革、擅长控制成本、与旅馆饭店及航空公司关系密切……这些往往需要专门的奖励旅游人才梯队如目的地管理公司(Destination Management Company,DMC)来操作才能实现。目前,我国相关的奖励旅游专业人员是相当缺乏的,这是我国奖励旅游发展面临的又一重大挑战。

3)奖励旅游市场规范化发展是个难题

旅游市场的规范化发展一直是我国旅游业面临的重大问题之一,而旅行社的水平化分工是造成这一问题的最主要因素。在旅行社的水平化分工下,大小旅行社没有明确的职能分工,从产品策划、组合到销售几乎是任何旅行社必经的一个过程,而在相当长的时期内,国外旅行社实施的垂直分工体系还不可能在我国全面展开。

在这种产业背景下,大中小旅行社看中奖励旅游产生的高额利润,不管实力如何,纷纷参与奖励旅游市场开发,导致失去制约的奖励旅游市场发展显得特别混乱。而由于历史、产业发展等多种原因,这种现象一时很难根治。

4)税收政策对奖励市场开发造成了冲击

从国际经验来看,关于奖励旅游的税收政策有免税和征税两种。在中国台湾地区,奖励旅游花费要计入个人收入,必须交税。因而,中国台湾地区的公司里有不少员工在获得奖励旅游机会以后,常常主动放弃,他们宁愿要现金也不愿外出旅游,这样就限制了奖励旅游的发展,事实上这也是奖励旅游不受中国台湾地区的公司欢迎的主要原因之一。在美国,则采取了一定限额的免税奖励旅游政策,而目前美国是世界上奖励旅游最发达的国家。虽然税收政策和奖励旅游的发展并不存在着决定性的关系,但可以说二者联系密切。

2004年,财政部、国家税务总局发出通知,明确规定企业以免费旅游等方式对员工进行奖励应征收个人所得税,并对征收的范围作了相当笼统的规定,非常不利于奖励旅游这一管理手段在我国的普及和应用。这一规定,对尚处于起步阶段的我国奖励旅游来说,无疑将造成巨大的冲击。

【资料链接】

财政部、国家税务总局关于企业以免费旅游方式提供对营销人员个人奖励有关个人所得税政策

财税[2004]11号

颁布时间:2004-01-20 发文单位:财政部 国家税务总局

各省、自治区、直辖市、计划单列市财政厅(局)、地方税务局,新疆生产建设兵团财务局:

近来,部分地区财税部门来函反映,一些企业和单位通过组织境内外免费培训班、研讨会、工作考察等形式奖励营销业绩突出人员的现象比较普遍,要求国家对此类奖励如何征收个人所得税政策问题予以进一步明确。经研究,现就企业和单位以免费培训班、研讨会、工作考察等形式提供个人营销业绩奖励有关个人所得税政策明确如下:

按照我国现行个人所得税法律法规有关规定,在商品营销活动中,企业和单位对营销业绩突出人员以培训班、研讨会、工作考察等名义组织旅游活动,通过免收差旅费、旅游费对个人实行的营销业绩奖励(包括实物、有价证券等),应根据所发生费用全额计入营销人员应税所得,依法征收个人所得税,并由提供上述费用的企业和单位代扣代缴。其中,对企业雇员享受的此类奖励,应与当期的工资薪金合并,按照"工资、薪金所得"项目征收个人所得税;对其他人员享受的此类奖励,应作为当期的劳务收入,按照"劳务报酬所得"项目征收个人所得税。

上述规定自文发之日起执行。

2.3.3 奖励旅游发展的对策

基于奖励旅游未来的发展趋势,并结合奖励旅游存在的问题,提出下述发展对策。

1)让企业了解奖励旅游的真实含义及作用

让企业全面了解奖励旅游,可从两方面入手:一是旅行社,可以向企业做相关宣传,如拜访企业讲解奖励旅游和展示一些成功案例进行宣传,或在电视媒体、商务类的报纸、杂志、网站等途径做宣传活动;二是学术界,提高关注度,加强理论支持和推广,从而让企业乃至大众都能真正认识奖励旅游。

2)深度开发奖励旅游产品

奖励旅游与普通旅游是有区别的,奖励旅游的服务对象包括企业与奖励旅游对象,不能谁

来报名都是相同的线路和相同的活动内容。活动项目要根据奖励旅游对象的普遍意愿结合企业实际情况,按奖励旅游对象的性别、年龄、爱好、身体状况等来制订奖励旅游产品,改变一个模式重复套用的现状。在奖励旅游产品开发中,细节、惊喜、创意,这些都是不可或缺的。将奖励旅游做精做细,无论在旅游线路、景点、接待服务上都要体现出量身定做、非比寻常的特点。

3)奖励旅游专业人才培养

奖励旅游要发展,建立培养高素质的专业人才团队是必不可少的条件之一。中国的奖励旅游处于"幼儿期",可向已是"成人"的西方发达国家取经。首先,可通过旅游局或行业组织,邀请西方经济发达国家的专家到中国进行培训;或者可引进西方经济发达国家的专业人才,带领中国奖励旅游操作人员,让他们从中学习以达到专业水平;也可将中国奖励旅游操作人员输送到西方发达国家进行培养。

4)加大相关扶持政策的力度

需要政府相关政策的支持,以规范奖励旅游经营混乱的状况,才能更好更快地使其发展起来。第一,出台相关扶持政策,将公费旅游与奖励旅游区分开来,细化两者的政策,制定各自独立的政策法规;第二,规范奖励旅游经营制度,使行业得到自律。奖励旅游的发展离不开企业、旅游业者以及政府的共同努力,这样奖励旅游才能得到更大的发展。

【本章小结】

随着我国会展旅游的迅速发展,会议业、展览业方面的理论研究也随之兴起,但作为会展旅游的一部分——奖励旅游的研究却凤毛麟角,已跟不上这一领域的总体发展。通过对大量国内外的资料的查阅,本章将国内外奖励旅游的发展进行了比较,梳理了国内外奖励旅游的发展历程,从不同主体的角度比较了解国内外奖励旅游的发展特征,就国内外奖励旅游的发展现状总结奖励旅游发展的趋势,以及其面临的挑战。在探索适合中国国情的奖励旅游发展道路上,需要提高认识、加大对奖励旅游的市场培育和开发力度。

【思考与练习】

1.国内外奖励旅游的发展特征?

2.国内外奖励旅游的发展现状?

3.国内外奖励旅游的发展有哪些区别?

4.国内外奖励旅游将面临怎样的挑战?

第3章
奖励旅游的市场需求

【本章要点】

奖励旅游市场需求的类型。
奖励旅游产品的特点及发展趋势。
奖励旅游的市场细分及开发策略。

3.1　奖励旅游的市场需求类型

戴维森等从需求方视角将 MICE 产业的组织市场细分为公司市场、协会市场、政府及 SMERF 市场,其中,奖励旅游主要属于公司市场,具有以下特征:

①在需求方组织内部辨认出直接决策者较难,秘书、营销总监、培训总监都有可能是决策者。

②参加对象是公司员工。

③活动持续时间相对较短,与会者的预算高。

④活动场馆通常为高星级酒店。

⑤同行者中通常有参与者的配偶。

3.1.1　奖励旅游需求方

奖励旅游的需求方与具体的消费者之间存在着差异,奖励旅游市场的消费主体,即奖励旅游消费者与市场主体,与奖励旅游购买者(企业)是相互分离的。奖励旅游的消费者主要为企业员工、经销商、特定消费者——如信用卡消费者等。而奖励旅游的需求者为奖励旅游的购买者,即企业公司等。

奖励旅游的需求方即是奖励旅游的客源市场,代表了对奖励旅游产品的需求,奖励旅游有别于传统旅游的一大特点是,旅游活动的具体参加者并不是旅游产品的需求者,真正的奖励旅游产品的需求方为企业、机关团体、协会和高校等。

1)企业

企业是奖励旅游需求的主体。以利润最大化作为最终目标的企业,在激烈的市场竞争中根据激励理论的发展和对人性的认识而不断改进其激励政策,激发企业员工的积极性以获取市场上的竞争优势。企业的人力资源管理政策一般会带来个人绩效和组织绩效的同时提升,而奖励旅游作为一种行之有效的激励措施被越来越多的企业采用。

企业在获得利润,得以生存和发展的同时,更希望企业效益可不断增长。因此,在企业拥有了一定的财力之后,如何满足员工真正需要,提高员工的工作积极性成了企业管理层的工作需要。这种需要转化之后,会成为企业对奖励旅游的需要。所以,企业的经济基础是企业对奖励旅游需要的来源,也是需要产生的动力。

因此,奖励旅游的费用来源于企业,其出游时间也主要是由企业来安排的,使得个人的余暇时间和可自由支配收入不再是奖励旅游者出游的决定性因素。同时,企业作为经济组织,盈利是最终目的,无论奖励旅游的功能有多强,成本永远都是企业关注的对象。此外,这一特征也使奖励旅游购买者和消费者的出游目标出现了一定的差异。他们在共同关注激励作用的同时,购买者侧重于企业文化、企业形象和向心力等;消费者则关注于荣誉、技能等。

2）行业协会

行业协会作为市场经济的主要成员之一，在促进产业进步、产业内整合等方面发挥着越来越大的作用。为了更好地提高协会工作人员的积极性，同时为了更好地推动协会工作的开展，一些行业协会也将奖励旅游作为一种重要的激励协会会员、协会成员的方式，因此，行业协会也是奖励旅游客源市场的一个主要组成部分。

3）政府机关、高校和科研院所

奖励旅游在激励员工积极性、促进团队建设等方面所表现出来的优越性，不仅被广大的企业看好，同时也受到越来越多的事业单位，例如政府机关、高校和科研院所等单位的青睐。所以，众多的事业单位也成为奖励旅游需求市场的重要组成部分，一些大型旅行社的奖励旅游部门还专门设立了相应的业务部来开发这一市场。

3.1.2　奖励旅游市场需求的类型及对象

1）奖励旅游市场需求的类型

对于奖励旅游需求企业而言，奖励旅游可视为企业一项重要的市场营销活动。奖励旅游不仅是对个人的奖励，而且是对企业本身的奖励，真正实现宣扬企业文化、扩大企业知名度、为企业带来附加值的目的。企业开展奖励旅游的目的是组织购买行为差异最大化的主要原因，导致对奖励旅游的需求形成了不同的类型，根据奖励旅游的 3 种主要目的：激励业绩、奖励性质的商务差旅、提高全员福利，奖励旅游的市场需求主要有下述 3 类。

（1）基于激励型的奖励旅游

以保险业、化妆品、直销行业为代表，组织类型以外资为主，使用对象是经过选拔的业绩突出的员工、经销商；旅游档次高、频率高，是市场中的"先行者"与"示范者"。奖励旅游已成为一种纯粹的激励型"管理工具"而融入组织的日常管理。

（2）基于奖励性质的商务差旅

此种奖励旅游与常规商务旅游中的会议、展览等不同，后者以商务活动为主，不能自由决定目的地、时间、活动类型；而前者则相反，可自由决定出行目的地、时间与活动类型，但或多或少与商务活动结合在一起，如参观、培训、交流、讲座等，参与人员的选择随机性较大，弱化了其奖励性质。

（3）基于福利性质的奖励旅游

此类奖励旅游在组织市场的认可程度较高，作为福利产品的一种形式，效果被普遍认可。参与对象通常是组织内的全体员工，线路策划的个性化要求不高，但需要有鲜明的主题特色，这一点在国企中反映突出。在目的地选择上会有一定限制，如红色旅游目的地、爱国主义教育基地等较受欢迎。服务规格高于常规的散客旅游团，对价格较敏感，不要求拆分报价。

2）奖励旅游市场需求的对象

奖励旅游作为一种奖励形式，可含有员工、供应商、经销商的海外研讨会，或不同层次的进修、必修、选修等相关培训,这些相关行业都可能成为奖励旅游市场需求的对象。

在需求企业选拔奖励旅游对象及依据分异调查中发现,有81.77%的企业将作出较大贡献的优秀员工作为受奖对象;有27.86%的企业选择了经销商作为奖励旅游选择对象;但同时也有30.17%的企业将对产品忠诚的、重要的消费者和企业员工的家属纳入奖励旅游对象。

可见,我国不少企业在关注短期效益的同时,也开始注重长远发展和"以人为本"的成熟的管理思想,这与发达国家选择奖励旅游对象的理念是基本一致的。而且,企业选择奖励旅游者的依据包括公司整体收入、员工个人业绩和公司计划完成情况3项主要内容。

3.2 奖励旅游产品的特点及发展趋势

3.2.1 奖励旅游产品的特点

1)旅游产品的高端性

(1)高端的客源市场

奖励旅游的高端性首先表现在受奖励者的高层次性,参加者必须通过企业特定的审核资格。一般来说,他们都是企业的优秀员工和业务骨干,是对企业作出贡献的高效率生产者。其一,参与奖励旅游的企业整体素质较高;其二,奖励旅游的实际参与者大多是企业的骨干或销售的精英以及企业的重要客户群体,同样也具有高端性。

(2)高消费能力和高消费水平

客源市场的高端性同时决定了奖励旅游团的高消费能力和高消费水平。奖励旅游的费用由主办单位承担,所以参加者对旅游产品的价格不敏感,一些有实力的企业投入奖励旅游的费用相当可观。据统计,一个豪华奖励旅游团的消费通常是一个普通团的5倍。

(3)高收入回报

客源市场的高端性和参与者的高消费能力,决定了奖励旅游是一个有着高收入的市场。SITE的研究报告显示,一个奖励旅游团的每一位客人的人均消费(仅指地面消费,不包括国际旅行费用)为3 000美元。新加坡旅游局经分析认为,到新加坡的中国奖励旅行团的消费能力比一般旅行团要高出1~4倍。而在一些奖励旅游比较发达的国家,接待奖励旅游团与接待普通旅游团相比,所获得的利润要高出5~10倍。

(4)高要求的服务质量

奖励旅游对旅游过程的服务有着很高的要求,每一个环节、每一个衔接都要求是最好的。他们不但在吃、住、行、游、购、娱方面具有高档次的特征,而且在组织安排以及接待服务上要求高规格,以实现与企业高品位经营理念和管理目标的相融合。因为对实施奖励旅游的企业来说,如果产品符合奖励旅游的目的、质量符合参与者的要求,价格就不是最重要的因素,而质量和创意便成为衡量奖励旅游活动能否成功的关键。

【资料链接】

中国（上海）国际会奖旅游博览会（IT&CM CHINA 2022）

尊敬的 MICE 行业朋友们好！

第十六届中国（上海）国际会奖旅游博览会（以下简称：IT&CM CHINA）暨中国商旅大会（CTW），将在 2022 年 5 月于上海举办。这是中国顶尖的会议、奖励旅游、活动、展览及商旅行业交流平台盛会，诚挚邀请您的参与！

IT&CM CHINA 自 2007 年举办以来，秉承"让中国走向世界，让世界了解中国"理念，已经成为中国顶尖的 MICE 行业交流平台。后疫情时代，我们将 2020 年和 2021 年两届的线上展会经验与线下展会结合，打造中国独家的 MICE 行业线上线下混合展，为国际和中国会奖及商旅行业专业人士架起沟通桥梁，实现深度互联和资源共享。2022 年我们将继续顺应时代潮流，挖掘更多国内 MICE 市场新机遇，为更多参会品牌提供更多展示机会，为参展商和买家提供更多机遇，为行业发展勇于担当，积极创新！

IT&CM CHINA 暨 CTW CHINA 由 TTG 亚洲传媒会展部（TTG Events）、中旅国际会议展览有限公司（CTS MICE Service Co., Ltd.）共同主办，除了丰富的活动及日程安排，我们还提供非常有吸引力的买家奖励，激励买卖双方深度交流，激发展会无限商机。

展会亮点：

①**母展源自于 IT&CM ASIA**——亚太地区首屈一指的会议和奖励旅游展览会，而 IT&CM CHINA 是主办方为中国这个拥有全球最多人口国家量身打造的。

②**举办历史已有 15 年**，IT&CM CHINA 自 2007 年开始举办至今，勇于担当，积极保持与行业对话，即使是疫情开始后，也坚持为 MICE 市场提供供需对接平台，不断打造线上平台，组织举办了两届线上展会。

③**往届参会数据**：（疫情前）2019 年线下展会（708 家参展商、493 家买家、55 家媒体）；（疫情后）2020 年线上展会（383 家参展商、242 家买家、33 家媒体）；2021 年线上展会（200 家参展商、247 家买家、89 家媒体）。

④**创兴型的线上线下混合展**：线上展会虽是行业未来发展趋势，但线下展会依旧是行业必不可缺的组成部分。在后疫情时代我们将继续优化展会流程，推出创新型线上线下参会模式，为期 3 天的线下展会，和为期 2 天的线上展会，更大程度地增加了品牌曝光度，并为不同类型的展商及买家提供了更多机遇。

⑤**展前预约机制**：依靠我们智能展前预约系统，让所有参与者都能匹配到心仪的商业伙伴，从而大大提高参展效率，每家参展商最少有 24 场预约可以在展前就确定好。

⑥**优质买家特邀**：主办方对 MICE 行业和商旅行业的优质买家进行特邀，同时也会根据参展商提出来的意向买家名单去邀约。制订非常有吸引力的买家招待计划，通过筛选和奖励，获得有真实采购需求或商务合作的优质买家。

⑦**赞助/广告机会**：IT&CM CHINA 汇聚了国内最多和一部分国际的 MICE 和商旅行业供应

商/采购商,无论是线下或线上展会都可以为客户提供一个品牌推广专场,推广客户的目的地产品服务,招募您的合作伙伴等,让客户的广告投放更精准更高效。

⑧**强有力的媒体宣传**:主办方之一 TTG 本身就是世界上资深旅业品牌媒体,旗下有多家网站、纸媒等平台,与中国国旅合作,扎根整合 MICE 和商旅行业的媒体渠道,为展会宣传造势,吸引优质买卖供需双方。同时还联合 MICE 行业及商旅行业各大传媒平台,在展前、展中、展后宣传造势,提升展会影响力和参与价值。

(资料来源:春日海月.MICE 行业盛会——中国(上海)国际会奖旅游博览会(IT&CM CHINA 2022).[EB/OL].(2022-01-27)[2022-8-22].)

2)奖励旅游具有多效能

①从实效上看,奖励旅游的激励作用远比金钱和物质激励作用更持久。奖励旅游的特殊性对参与者而言无疑具有一种殊荣,而对未能参加者而言又是一种向上的动力。同时,其对企业的长远发展也大有裨益。在旅游过程中还能加强人际交流。作为管理的一种策略,其既能计入工资管理成本,又能合理避税。

②从营销功能来看,奖励旅游行为不仅是对参与者的奖励,更是对企业自身的宣传。这种双重作用不仅直接决定了奖励旅游的消费特征不同于一般的旅游形式,也暗示着真正开展奖励旅游的企业有着成熟的管理与营销理念。

③从行为主体来看,奖励旅游市场的消费主体即奖励旅游消费者(企业员工、经销商、特定消费者——如信用卡消费者等)与市场主体即奖励旅游购买者(企业)是相互分离的。这一特征使旅游者出游的决定性因素(旅游动机、余暇时间和可自由支配收入)发生了改变:奖励旅游的费用来源于企业、出游时间也主要由企业来安排,这使得个人的余暇时间和可自由支配收入不再是奖励旅游者出游的决定性因素。同时,企业作为经济组织,盈利是其最终目的,无论奖励旅游的功能有多强,成本永远都是企业关注的对象。此外,这一特征也使得奖励旅游购买者和消费者的目标出现了一定的差异:他们在共同关注激励作用的同时,购买者侧重于企业文化、企业形象和向心力等;消费者则关注于荣誉、技能等。

④从市场运作来看,奖励市场运作受到 3 方面的制约:奖励旅游购买者、消费者和奖励旅游公司;而奖励旅游产品是三方共同协商的结果,是文化、管理、技能、服务等因素的综合。奖励旅游有别于常规旅游的这些特性,决定了奖励旅游市场开发不同于一般的旅游市场开发,因此,我国发展奖励旅游除了要加快奖励旅游市场培育、设计高水准的奖励旅游产品,还要加大对外宣传力度,提高我国旅游界在奖励旅游上的理论和实践水平。

3)企业绩效导向性旅游目的

奖励旅游的目的,既不同于一般旅游的观光、休闲和放松,也不同于一般商务旅游的参加会议展览、洽谈业务。奖励旅游是一种管理手段和激励措施,真正目的是彰显良好的企业文化,表彰企业内工作出色的员工,增强企业的团队凝聚力,激励员工更加努力地工作,为企业创造更好的经营业绩;或者是增进企业和客户之间的良好关系,增加客户对企业的信任度。

4)目的地选择的高要求性

奖励旅游在目的地的选择上,要考虑目的地旅游资源的独特性,一般以世界著名的旅游目的地为主,这与普通的公民旅游有着一定程度的相似性。在对旅游资源的特性具有高要求的同时,奖励旅游对旅游目的地的相关旅游配套设施要求较高,例如要有舒适的酒店接待设施,选择入住的酒店一般在四星级以上,而且以国际知名酒店集团的酒店品牌居多。同时要有良好的交通环境,奖励旅游一般会选择飞机作为主要的交通工具,所以旅游目的地附近是否有国际性的机场,是其能否成为奖励旅游目的地的一个必要条件。

5)时间选择的广泛性

众所周知,传统旅游业受季节影响十分明显。但奖励旅游不同于传统旅游项目,受季节影响不明显。一般企业的大型奖励旅游活动都会作为一项重要工作写入企业的年度计划,而小型的奖励旅游具有随机性,所以企业对奖励旅游的需求一般具有长期性和持续性。针对这一特点,旅行社可以通过承办奖励旅游项目,发展一批稳定的客户来源。奖励旅游季节性不强的特点,可以弥补旅行社淡旺季波动,从而获得可观收益。

6)奖励旅游市场需求的分异

(1)需求企业组团频率、平均消费分异

在奖励旅游市场发达的欧美国家,企业效益好、意识强,非常重视奖励旅游的持续影响力。往往在一个考察团队结束以后,客户在未来12个月的时间里回馈率相对较高,且奖励旅游在西方国家是一项高水平的旅游消费活动,而我国目前奖励旅游者的平均消费水平相对不高。

(2)需求企业对实行奖励旅游目的分异

当今我国奖励旅游目标市场主要还局限于实力雄厚的外资企业以及国内的银行、保险、医药、汽车、房地产、烟草、电器、机器制造业等行业。

(3)供给企业(旅行社)成团规模、出团次数分异

在我国,旅行社年均出团次数不多,且奖励旅游的成团规模相对来说并不大。

(4)需求企业选择出游时间、目的地分异

奖励旅游需求企业选择奖励旅游出游时间并无特别的偏好,季节性表现不是非常明显。

奖励旅游需求企业选择黄金周出游,旨在更好地通过奖励旅游活动吸引眼球,增强企业知名度,给企业带来宣传效应。而避开高峰期出游的企业,则比较注重旅游过程中的乐趣,给奖励旅游者一次高标准的旅行,激发奖励旅游者的工作热情。同时,由于奖励旅游的购买者与消费者是相互分离的,作为购买者的企业拥有出行时间的决定权,会较多地从自身发展的角度出发而采取对员工和客户的激励措施。选择错开旅游旺季出游的企业,不仅在降低旅游成本的同时也达到奖励的最佳效果,而且弥补了旅游业淡季业务需求的不足,使旅游资源能得以有效利用。

(5)需求企业选拔奖励旅游对象及依据分异

每个企业对各自奖励旅游的对象都各不相同,会根据企业的性质类型对其对象进行相应的奖励。

(6)较高利润的企业偏好提供较多的奖励旅游经费

利润越高的企业提供给奖励旅游者的经费越高,更为重视奖励旅游,这些高利润的企业更乐意将奖励旅游作为一种有效的管理手段和工具。

【资料链接】

走出奖励旅游市场需求认识上的几个误区

误区之一：奖励旅游市场的高消费性。奖励旅游具有高消费性，其消费额通常是一般旅游的2~3倍，甚至达到5倍，然而奖励旅游不等于贵族旅游，奖励旅游的客源市场是有层次性的。国际奖励旅游游客与国内奖励旅游游客；大企业的奖励旅游游客与中小企业的奖励旅游游客；职业经理人作为主要参加者的奖励旅游与以白领为主的奖励旅游；他们消费的层次性十分明显。因此，应区别对待奖励旅游的高消费性。

误区之二：奖励旅游所花费的钱不是企业的。奖励旅游的资金来源是"取之于民，用之于民"，即是受到奖励旅游的人员自身在实现企业特定目标而创造出来的利润来完成的。但有研究表明，预算和成本是影响选择奖励旅游目的地的主要因素。因此，虽然奖励旅游所花费的钱是从员工多创造的利润中划出的，但企业在效益核算时，奖励旅游的花费仍然会计入企业的成本费用中，即奖励旅游所花费的钱是企业的。只有明确了这一点，奖励旅游公司才会真正地认识到有效地控制奖励旅游的成本对企业有多么重要。

误区之三：奖励旅游市场的季节性不强。一般而言，奖励旅游会避开旅游的高峰期，但其本质上是对企业自身而非对员工的奖励，规模大的奖励旅游在一定程度上就是公司的宣传活动，为了达到这种宣传展示与激励的效果，奖励旅游不可能在全年平均分布，也不会青睐于旅游的淡季，从而会表现出一定的季节性。但在需求市场的表现中，其季节性的表现并不强。

毋庸置疑，澄清奖励旅游认识上的这些误区，对我国的奖励旅游市场开发以及奖励旅游在市场上的需求，具有非常重要的现实意义。

3.2.2　奖励旅游产品的发展趋势

1）文化性增强

今后的奖励旅游活动将比以往更加注重人文关怀，强调个性彰显，关注人的内心需要和人性的充分满足。奖励旅游作为满足员工高层次精神需求的特殊形式，其文化性、人性化、个性化发展趋势将体现得更为明显。20世纪90年代后期以来，奖励旅游目的地的选择更多地考虑了当地的文化因素。在旅游项目的选择方面更倾向于具有文化品位的活动，能够突显企业的文化与经营理念，并与体育运动、户外活动和其他娱乐项目相结合。

2）奖励旅游与商务活动相结合

目前奖励旅游已经改变了原来纯旅游的方式，与会议、培训和企业业务活动相结合的趋势越来越明显。奖励旅游与会议、展览、大型活动、公司业务等商务活动由过去的泾渭分明转向了现在的相互交融与结合。企业员工对奖励旅游的观念也从原来单纯的以参加纯旅游活动为荣转为追求参加专业会议或培训为自己所带来的成就感和充实感。

3) 参与性奖励旅游崛起

过去的旅游者常常满足于观赏,而今天新一代的旅游者则强调亲身体验。常规的观光、购物等包价旅游项目已无法满足奖励旅游者的需求,他们要求在日程安排中加进更多的参与性活动项目,使他们的奖励旅游活动变得更加丰富多彩。参与性奖励旅游符合当今人们追求更充实、更完美、更有价值的生活愿望,为奖励旅游的发展开辟了更为广阔的空间。

4) 旅游形式多样化

随着奖励旅游者个性化需求的增强,以及团队出游经常发生团员时间上的冲突,越来越多的企业开始采用多样化的奖励旅游活动形式。采用个体旅游形式使奖励旅游实行具有充分的灵活性和选择性。让受奖人员携带家属出游,也越来越受到企业的青睐。奖励旅游将通过发掘家庭价值和所蕴含的人情味,进一步发挥其激励作用。

5) 深度旅游增加

奖励旅游在发展过程中显现出"深度旅游"的趋势,即单一地点移动,减少周转的地点,将宝贵的时间用在当地的旅游活动上而不是长途旅行上。表现在旅游线路上就是"点对点"的旅游,即整个旅游行程只有一个目的地,而不像以往将很多目的地安排在一次旅游活动中,走马观花、蜻蜓点水式的旅游正被一地的深度旅游所替代。

【资料链接】

非凡之旅康宝莱　团队游香港活动侧记

(1) 企业:康宝莱(中国)
(2) 时间:2019 年 5 月
(3) 奖励旅游内容:香港迪士尼旅游
(4) 奖励人数:超过 10 000 人
(5) 委托旅游公司:拱北口岸中旅社

今年 5 月,康宝莱(中国)保健品公司在拱北口岸中旅社的安排下,在大屿山圆满完成了为期 4 天的"非凡之旅"团建活动。活动由香港迪士尼在内的大屿山会奖旅游伙伴合作承办,这也是康宝莱(中国)保健品公司连续第二年选择香港迪士尼和亚洲国际博览馆作为活动目的地。本次活动为香港带来超过 10 000 名会奖旅客。

积极推广　打响第一枪

香港迪士尼乐园度假区(简称"香港迪士尼")积极把握交通网络升级所带来的机遇,与亚洲国际博览馆携手,为企业客户打造完整的商务活动、住宿、娱乐体验,助力大屿山成为香港新商务活动目的地。自去年起,香港迪士尼成立了专门的海外会议展览及奖励旅游团队,积极联系旅行社合作伙伴,将内地及海外会奖宾客带到香港迪士尼,同时与不同的场地及业界伙伴,包括亚洲国际博览馆,以及内地会展旅游组织方合作,迎接内地企业客户到访大屿山,并期望在未来产生更大的协同效应。

妥帖安排　享尊贵体验

会议期间,出席的康宝莱(中国)高层团队人员被安排入住香港迪士尼乐园酒店国宾厅楼层。国宾厅位于酒店顶楼,为入住的康宝莱(中国)高层团队带来专属体验,包括多元化的活动和贴心服务,配合各种丰富餐点等。乐园度假区在为宾客提供商品及餐饮折扣优惠之余,更在各宾客的客房加入其专属的商标惊喜,加强展示康宝莱的企业形象。其间,康宝莱团队充分利用香港迪士尼乐园酒店会议中心的各个宴会厅举办多场前期会奖活动,包含管理层业务会议、全国战略咨询委员会议等,并于晚上在辛德瑞拉宴会厅设商务晚宴款待卓越品牌／品牌特级服务提供商及战略咨询委员会成员。在之后的2天行程里,康宝莱(中国)团队选用亚洲国际博览馆场地举办了特别领导力培训、全体大会及颁奖晚会等大型活动。在亚洲国际博览馆完成大会会议后,康宝莱(中国)团队凭借香港迪士尼和亚洲国际博览馆便捷的交通接驳,20分钟内迅速回到香港迪士尼举办特别礼遇晚宴。康宝莱的宾客在顺畅的交通安排下回到迪士尼乐园酒店辛德瑞拉宴会厅,并由优秀餐饮团队制作富有迪士尼特色的主题餐饮,更邀请到米奇老鼠及唐老鸭到场与宾客见面合照,让宾客省时方便地尽情享受香港迪士尼的奇妙魔法,度过了一个愉快的夜晚。

展现优势　缔造经典IP

这次活动体现了大屿山作为商务活动及奖励旅游目的地对中国企业的吸引力。港珠澳大桥及高铁香港段通车后,大大加强了内地多个城市到访香港迪士尼的交通便捷性。中国内地企业团队可以以较低成本和灵活可靠的交通安排抵港进行商务活动及奖励旅游体验,活动成本及流程得到了更好控制。客户可利用大屿山多个邻近景点充实会议及旅游体验,包括加入"观桥"、赏游香港迪士尼等最新最强必玩项目。多人团体更可考虑包车或包专列,利用香港迪士尼及大屿山各大活动场地的独特优势举行商务活动。香港迪士尼拥有全球最强的旅游IP,过百项游乐设施和娱乐体验,度假区3家不同主题酒店共计可提供1 750间客房,每房可供最多四人入住,为不同规模的企业活动提供住宿支持。度假区专业的会议展览及奖励旅游销售团队,与大屿山各大旅游合作伙伴及旅行社保持密切合作,灵活运用多元化场地选择,为举行不同规模和类型商务活动的内地企业客户提供场地、娱乐活动、餐饮及住宿服务,以及独特的迪士尼体验,缔造难忘的会奖之旅。

收获好评　用专业征服客户

大屿山坐拥香港迪士尼乐园度假区与亚洲国际博览馆等多个景点及商务活动场地,交通往返迅速便捷,方便举办一站式会议、住宿及娱乐的大型奖励旅游会议。配合新落成的港珠澳大桥可作"观桥"体验,让宾客尽览大桥风光。这次康宝莱(中国)非凡之旅四天密集的会议行程里,团队收获了丰富的会议成果并尽享迪士尼住宿、餐饮及购物体验和大屿山美景。会议期间,度假区的商务活动策划团队提供了灵活的场地解决方案、贴心高效的服务,并安排了独具迪士尼特色的酒店住宿和餐饮配套,往返亚洲国际博览馆的交通安排快速顺畅,康宝莱(中国)团队感到十分满意。

(资料来源:非凡之旅　康宝莱团队游香港活动侧记[J].中国会展(中国会议),2019(18):78-79.)

3.3　奖励旅游市场细分及开发

3.3.1　奖励旅游的市场细分

从国家和行业的角度来看,不同国家社会经济发展水平不一、行业利润率有所差异。虽然从经济学角度讲,在一定的周期内,资本转移等现象可以使社会利润率平均化,但暴利行业、高利润行业和较低利润行业是客观存在的。由此,使得不同国家、不同行业的奖励旅游出现了层次性。

1)根据行业角度划分

奖励旅游是近年来兴起的一种企业人事管理手段,主要存在于企业内部。

(1)金融保险行业

我国保险企业众多,对奖励旅游的需求很大。银行业在中国金融业中处于主体地位,银行业务,包括商业银行业务与投资银行业务,都是高效益的行业,是奖励旅游中优先选择的行业。

保险业的奖励旅游主要针对业务骨干,说明了保险业重视个人业绩,愿意利用奖励旅游激发员工的潜能以达到企业目标。

由于多数的保险企业规模较大,因此,参与的人数较多,旅游团队的规模较大,并且多半金融保险业的奖励旅游都伴随着开会。

(2)汽车行业

汽车行业奖励旅游是奖励汽车企业在销售和生产工作中有突出成就的企业员工及经销商,与他们进行更多的交流或合作,增加销量成为他们的努力方向。

汽车行业奖励旅游一般分为经销商奖励旅游、内部员工奖励旅游和忠诚客户奖励旅游。其设定的具有吸引力和形式多样的奖励旅游,最终是为了整个企业的长期有效发展。

(3)化妆品行业

化妆品行业进行奖励旅游的主体主要有两大类:一种是精英类(顾客类),其参与人数少、要求质量高的精致旅游产品;另一种是员工类,参与人数多,一般100人以上。此外,其会根据不同的目标消费群体,根据会员的不同需求对会员进行有效分类,并对消费能力较强的消费者进行奖励旅游。

(4)直销行业

会议旅游、培训旅游、奖励旅游、邮轮旅游等不同的旅游方式都被直销企业用来进行企业文化的宣传以及提升公司的凝聚力。从某种意义上来讲,奖励旅游为直销企业提供了一种很好的且健康符合人性化的企业营销模式。

以美国声誉佳、历史悠久的直销公司之一的嘉康利公司为例。2013年6月3日,嘉康利公司400多位绩优经销商顺利抵达韩国济州岛,开始了为期一周的韩国之旅,主题为"炫动韩国、精彩你我"。此项活动获得了大众的关注以及极大地提高了公司本身的知名度。

（5）教育业

奖励旅游在教育产业这个行业中算是比较发达的，特别对于高等院校来说，开展奖励旅游可以提高教师对教育事业的热情，从而提升整个教育行业的水平，也有利于塑造高等院校的形象，提升学院的知名度。

年度员工福利奖励旅游一直是教育业员工翘首以盼的大型集体活动，在繁忙的暑期教学工作结束之后，大家一同肩并肩走进大自然的世界里，放松疲惫的身心，与其他部门的老师进行互动，交流在工作中碰到的困惑，谈一谈各自生活中的趣事。在旅游活动中，提高了员工士气、增强了企业凝聚力与员工归属感，对于构建教育业的企业文化起到了极大的推动作用。

2）根据活动内容划分

奖励旅游可分为传统型和参与型两类。传统型奖励旅游以美国为代表，旅游中主要安排会议、培训、观光、颁奖典礼、主题宴会等传统项目，受奖者由公司领导人物或名人作陪。并通过豪华、高档和大规模来体现受奖人的身价，从而使其产生终生难忘的回忆。参与型奖励旅游主要兴起在欧洲，并逐渐成为世界奖励旅游新的发展趋势。这种旅游会安排一些如爬山、徒步、划艇、漂流、攀岩、热气球等冒险项目，主要通过鼓励受奖人亲自参与各种新鲜刺激的旅游活动，为其创造与众不同的经历。

3）根据奖励旅游的实施主体划分

一般国际公司与国内公司实施的奖励旅游，大企业与中小企业实施的奖励旅游，学校与其他事业单位实施的奖励旅游，在行程安排、项目选择和消费等方面存在一定的层次性差异。在这些主体之间也会存在着不同的细分市场。

4）根据奖励旅游的参与主体划分

奖励旅游的参与主体包括以政府和其他事业单位人员为主要参加者的奖励旅游，以代理商为主要参加者的奖励旅游，以职业经理人为主要参加者的奖励旅游，以"白领""灰领"为主要参加者的奖励旅游，以企业一般普通员工为参加者的奖励旅游等，这些都存在着明显的差异。因此，在进行具体市场需求和市场细分定位时，要明确区别各种类型的不同。

【资料链接】

第十四届北京国际商务及会奖旅游展览会（IBTM China）相关报告

作为 IBTM 全球会议、会奖展览的重要组成部分之一，第十四届北京国际商务及会奖旅游展览会（IBTM China）于今日在北京国家会议中心顺利举行。近 350 家海内外展商和 335 位特邀买家将在为期两天的展会中完成 8 000 多场商务洽谈，展会当天更是吸引了近 4 000 位专业观众到场参观。

在开幕式上,北京市文化和旅游局宋局长指出:"北京市委市政府高度重视商务会奖旅游业的发展,始终将改善会展设施,培育产业集群,改善营商环境,扩大会议会展对外开放作为一项重要工作持续推进。据《经济学人智库》统计,在'星级会议商务旅行城市'排名中,北京凭借'不断完善的基础设施建设'成功入选。"

2019年,近350家国内外参展商中,国际展商同比去年增长近20%,且50%为全新展商。包括冲绳旅游局、新西兰旅游局、拉斯维加斯会展和观光局、马里亚纳旅游局、斐济旅游局、南非旅游局、智奥会展、釜山观光公社、洛杉矶会议及旅游局、斯里兰卡会议局、加拿大航空、银河国际会议中心、云顶邮轮集团和印度旅游部北京办事处等在内的众多新老国际展商皆倾情参与。国内展商方面,北京市文化和旅游局、南京市文化和旅游局、海南省旅游和文化广电体育厅、杭州市文化广电旅游局、南京市人民政府会展业办公室、上海市文化和旅游局、广州文化广电旅游局、苏州文化和广电旅游局、上海新国际博览中心、上海卓美亚喜马拉雅酒店、雅高酒店集团、南京金陵酒店管理集团、美利亚酒店集团、深圳华侨城等展商也带来了其全新特色产品惊喜亮相展会现场。

特邀买家方面,通过主办方的一系列的战略布局和渗透,特邀买家的质量、区域分布以及参与数量实现多维度突破。在335位全球特邀买家中,近50%为首次参与IBTM China展会。来自二、三线城市的买家占比近23%,其中成都、重庆、青岛、西安和沈阳位居前五。此外,包括来自宝马(BMW)、戴姆勒(Daimler)、达能纽迪希亚(Danone Nutricia)、新东方、当代教育、京东(JD)、汇丰(HSBC)、吉利(Geely)、强生(Johnson & Johnson)、赛诺菲(Sanofi)、联想(Lenovo)、完美中国(Perfect China)、无限极(Infinitus)、勃林格-英格海姆(Boehringer-Ingelheim)、欧司朗(Osram)和瑞银(UBS)、新加坡发展银行(Development Bank of Singapore)和诺和诺德公司(Novo Nordisk)等全球知名企业均报名成为特邀买家,所涉行业包括金融保险、直销、康养体育、研学、快消、汽车制造、医药医疗等多个领域。

(资料来源:北京市文化和旅游局.2019北京国际商务及会奖旅游展览会正式开幕[EB/OL].(2019-08-28)[2022-08-22].)

虽然奖励旅游在未来市场发展和需求中是相对稳定的,但在定位市场时,仍要注重其要面对的目标群体,注重价格的控制和目的地的选择。要根据不同的群体选择大众所需要和向往的旅游目的地,从而才能提升其满意度,实现奖励的真正要求。

3.3.2 奖励旅游市场的开发策略

西方国家尤为重视奖励旅游所产生的潜在经济效益与社会效益,但对于我国而言,还应该积极应对体制上、认识上和行业背景等多方面及政治、经济、文化等多层面的障碍和挑战,挖掘其在中国发展的土壤环境中的特色,有效发挥其内在价值,通过各种途径有效提高奖励旅游市场需求。

1)加大政府支持力度

奖励旅游活动涉及多个行业,政府要明确对奖励旅游发展的主要职能:包括制定行业规范、进行市场管理、组织整体促销、提供优惠的政策、优化服务环境和开展人才培训等。奖励旅游市场的发展需要政策上的支持和信息导向方面的帮助。其具体包括下述4个方面。

第一，加强调研，规范奖励旅游市场。政府相关部门应该加大支持奖励旅游产业对经济贡献度的实践调研和数据收集整理，推出具有约束力的规章制度并鼓励良性竞争，建立优胜劣汰的市场机制，发布公告帮助购买者和消费者理解奖励旅游的内涵与作用，有效培育和扩大奖励旅游市场需求。

第二，政府部门应采取一系列优惠措施，如优惠税收政策、给奖励旅游企业或本地奖励旅游供应商营销补贴等来拉动奖励旅游市场的发展，制定有利于奖励旅游产业发展的各项相关政策。

第三，政府应积极组织一些实力雄厚的旅游企业赴国外参加部分大型的旅游会议和展览活动，或出面邀请国际奖励旅游旅行商来国内考察，聘请国外专家开展奖励旅游培训讲座。例如：中国国际商务及会奖旅游展览会（CIBTM）在2013年报告中指出，今年会在继续与国际各知名协会合作的同时，与在国际展览界享有盛誉的国际展览和项目协会（IAEE）结成合作伙伴关系，其首席执行官David Dubois先生将在展览期间进行有关数字营销的专题演讲，并与国际会议专家联盟（MPI）新任总裁Paul van Deventer联合主持以有关展览组织和大型活动为主题的专业讨论。

【资料链接】

"魅力北京"旅游推广首次亮相美国国际游学大会

当地时间1月28日晚，在美国阿拉巴马州首府蒙哥马利举办的国际游学联（Educational Travel Consortium）第33届年会上，北京市文化和旅游局精彩亮相。北京市文化和旅游局曹鹏程副局长在开幕大会上致辞，向500多名来自全球各地的旅游局、各大高校游学旅游负责人、耶鲁哈佛等校友会、博物馆、特种旅游以及相关文化机构专家学者及媒体人士隆重介绍了北京独特的游学旅游资源，同时向他们发出了来自北京的热情邀请。

这是中国国内省（市）文化和旅游局首次在国际旅游组织上发声，积极主动进入国际主流营销推广渠道，受到参会各方人士的热烈反响和积极回应，并得到参会的国家文化和旅游部驻纽约办事处匡林主任的高度评价。国际游学联盟大会主席Mara女士全程参与了北京代表团的全部活动，并表示因北京的参与，使本届大会更加多元和精彩。参会嘉宾纷纷主动与我方代表团沟通交流，表达合作意向。

本次大会上，北京代表团在两天内，先后参加和组织了8项活动，包括开幕大会、晚宴、商务洽谈区开幕会、与国际游学联盟执委会会谈、与阿拉巴马州务卿会谈、合作伙伴答谢会、商务洽谈区洽谈及抽奖活动，利用一切可以利用的机会，充分地向各方人士宣传推介了新北京、新旅游、新资源。

（资料来源：城市形象与市场推介处."魅力北京"旅游推广首次亮相美国国际游学大会［EB/OL］.（2019-08-28）［2022-08-22］.）

第四,在市场培育初期,政府还应鼓励相关部门组织中小型奖励旅游供需见面会,将供需双方聚集在一起,增强各方对奖励旅游内涵的理解,帮助旅游企业与国际买家进行直接的、面对面的贸易洽谈,为奖励旅游市场的国际合作提供各种方便和非常有利的条件。

2)认识奖励旅游市场开发的深层次目标

奖励旅游从本质上讲是一种激励手段和管理手段,这种属性决定了奖励旅游市场开发的深层次目标并不在于代订机票、酒店订房、提供接送等表面文章,而是深入企业的管理层面,通过调查企业的管理政策提出建议,制订合理的奖励旅游计划,在有效地控制奖励旅游成本的同时协助企业达到"凝聚企业向心力、提高生产力、塑造企业文化"的目标。简而言之,奖励旅游的深层次目标就是做企业的战略伙伴和管理顾问,而不仅是奖励旅游产品与服务的提供者。

为此,开发奖励旅游市场的首要任务之一就是深入地了解现实的或潜在的目标市场——企业,从其建立的背景到经营的内容直至企业的文化都要有总体的把握,为有针对性地奖励旅游市场开发做好准备,此外奖励旅游作为企业的管理手段并不是一次性的,为了持续激励对企业发展做出突出贡献的人士,企业在适当时会不断地进行奖励旅游活动,以至于每位参加者都想再试一次。因此,认识奖励旅游市场开发的深层次目标,深入企业的管理层面也是关系到奖励旅游公司长期稳定发展的核心问题。

3)选择奖励旅游目标市场

奖励旅游的市场开发目标很明确,就是有奖励旅游倾向的公司、企业,一旦采用奖励旅游作为奖励方式,每年都会有相应的工作。当某旅行社与企业建立了合作关系,且旅行社的旅游产品令企业满意,获得充分信任时,在相当长的一段时间内,企业可能都会找其作为供应方。客源的特殊性要求旅行社在巩固老客户的基础上,仍需不断拓展新客户。

我国的奖励旅游是从外资企业及跨国公司或集团发展而来的,奖励旅游的理念和作用在国内还没有得到充分的认知,许多企业仅仅将其归于企业福利,这对我国奖励旅游市场的开发造成了一定的困难,这种情况下选择相对成熟的奖励旅游目标市场进行开发是奖励旅游公司的必然选择。

外资企业(包括独资企业、合资企业和三资企业)的奖励旅游机制较为成熟,是目前我国奖励旅游重要的目标市场,此外我国的大型国有企业、民营企业,尤其是金融、保险、汽车、电器、机器制造业和其他高科技行业均有开展奖励旅游的良好基础、潜力和需求,是我国奖励旅游市场开发中重要的、现实的或潜在的目标市场,也是亟须培育的奖励旅游目标市场。

4)把握奖励旅游市场促销的特殊性

一般的旅游市场其购买者和消费者是同一个群体,而奖励旅游市场则不同,绝大多数情况下奖励旅游的购买者和消费者是分离的,即奖励旅游的购买是企业而消费者却是企业的员工、经销商以及特定的消费者,但这并不完全等于奖励旅游的购买者就是奖励旅游市场促销的关键,实际情况要复杂得多。

从表面上看,企业对员工、经销商和特定的消费者进行奖励,员工、经销商和特定的消费者接受奖励,但由于奖励旅游目的的特殊性和奖励旅游消费者的特殊性(企业的精英人士),使得二者之间并不是简单的给予与接受的关系,而是近似于协商的关系。简而言之,奖励旅游的消费者在奖励旅游公司的促销过程中其作用是不可忽视的,奖励旅游市场促销已经不仅是促销的问题,这种促销已经涉及了企业的管理层面,在促销的过程中,奖励旅游公司的角色也不仅仅是促销者,而是企业和员工、经销商与特定消费者之间的信息传递者以及关系协调者。

明确奖励旅游市场促销的这种特殊性之后,奖励旅游公司在开展促销时除关注企业管理者关注的内容如成本控制、管理理念外,还必须对奖励旅游消费者做进一步的了解,以便融合二者的需求,真正实现与企业的长期合作。

5) 明确在奖励旅游市场开发中各自的职责

奖励旅游的市场开发直接受 3 个方面因素的影响,既有作为购买者的企业又有作为消费者的企业员工、经销商和特定的消费者(如企业产品的忠诚支持者、中奖的幸运者等),当然还有开展奖励旅游的公司。

在影响奖励旅游开发的 3 个因素中,购买者从宏观上对奖励旅游的方案进行评估与分析,对奖励旅游的总体预算进行审核并预先对工作进行安排,以保证奖励旅游按计划实施,消费者影响着旅游目的地的选择、旅游项目的安排,奖励旅游公司负责奖励旅游策划、奖励旅游项目的安排、内容的实施及相关服务的提供,并在奖励旅游购买者和消费者之间起着协调作用。这种关系决定了奖励旅游公司在开展奖励旅游时必须综合考虑两个方面:首先要考虑企业管理者的需要,其次又要满足奖励旅游参与者的需求,即站在企业管理者的角度实现奖励旅游消费者的最大满足从而获取利益。

6) 量身定做奖励旅游产品,把握奖励旅游市场的动态

奖励旅游产品是奖励旅游活动集中指向的目标,是企业文化、企业管理理念、旅游服务项目的综合体现。因此,其质量的好坏在一定程度上成了反映奖励旅游活动能否成功的主要标志。但事实上,不同的企业实力有别,管理理念不一样,企业文化也存在着差异。同时,不同的参与者对奖励旅游也有不同的期望,即便是同一家企业、同一批旅游者,在不同时期的需求也不完全一致。因此,作为创造性旅游活动的奖励旅游,其产品往往是一次性的,不能雷同,不能重复使用。

所以,奖励旅游产品的打造与组合,必须结合奖励旅游购买者和消费者的实际来确定,要针对奖励旅游消费者的年龄、职业、性别、爱好等,来设计安排一些既能调动大家游兴,又能满足消费者需求的旅游活动项目,绝不能模式化。

同时,奖励旅游的购买者和消费者对奖励旅游的认知正在不断地发生变化,奖励旅游也不再局限于因商务原因而提供资金的休闲旅游,奖励旅游的内涵更多地被赋予了工作获得技能的内容。与此同时根据美国运通公司最近发布的全球旅游趋势研究报告显示,全球商务旅游成本正在持续上升,在这种情况下,企业开展奖励旅游的理念发生了转变,最为明显的就是单纯的奖励旅游市场逐渐衰微,与会议、培训结合在一起的综合性的奖励旅游市场发展迅速。把握奖励旅游市场变化的趋势无疑是我国奖励旅游市场开发的重要内容。

7）通过供给引导需求

在奖励旅游发达的国家和地区，奖励旅游产品的开发会从高的回头客比例的思路出发。"需求引导供给"虽然是旅游市场发展的金科玉律，但是目前我国奖励旅游市场的发展首先是"供给"，其次才是"需求"。然而在我国回头客的比例明显偏低。可见，一方面由于人们对奖励旅游这种新产品的需求还比较盲目甚至不知所措；另一方面则是有效供给非常不足，即旅行社提供的奖励旅游产品与普通旅游产品无太大差异，更无特色。目前供给的奖励旅游产品大多质量不高、档次偏低、内涵不深刻。

因此，解决我国奖励旅游发展问题的关键应该是提高供给水平，确保有效需求得以实现。首先，旅游部门要深入对奖励的旅游市场调研，找准目标市场，并通过足够的投入，将满意的奖励旅游产品提供给市场；其次，要加大对奖励旅游的营销与推广力度，注重对奖励旅游本质特征的宣传，向企业以及相关政府部门证明其高回报率，吸引潜在买家；再次，旅游行业在开发奖励旅游产品时应充分把握其购买者和消费者的心理偏好及其发展趋势，突出需求；最后，还可以采用旅游局主要支持，奖励旅游供应商赞助筹资等多种多样的形式建立针对奖励旅游的研究基金，加强多方合作，聘用专业的调研公司及其专家进行专项研究，提升奖励旅游的专业操作水准。

【资料链接】

疫情影响下的杭州数字经济旅游

据统计，中国的会奖旅游团一般来自直销、美妆、微商、药业、保险、金融、IT、文化机构、茶酒饮料等行业，约90%的商务会奖旅游团体来自直销以及化妆品企业，而金融、保险、汽车以及IT行业等则占到了10%左右。

仅杭州市，在2019年就接待游客超过20 276万人次，同比增长10%左右；实现旅游收入4 236亿元左右，同比增长18%左右。接待入境过夜游客约113万人次，同比增长5%，外汇收入约8亿美元，同比增长约8%。

随着2020年新冠肺炎疫情突袭，国内外会奖产业进入"冷冻期"。杭州作为"数字经济"标杆城市，另辟蹊径，寻找会奖经济新增长点。

在产业优势推动下，"2020杭州文旅峰会·新经济会议目的地产业交易会"中亮相的"数字经济旅游十景"，迅速奠定了杭州会奖经济的发展方向，自此杭州会奖产业走向国际化舞台。

上千新经济企业、会奖企业的会议规模，让欧洲旅游委员会中国区主席吕迪文（Ludivine Destrée）看到了杭州的国际化实力，"杭州的客户体量比较大"这是她留下的最深印象。

从机遇到希望

旅游趋势分析公司Forward Keys最新报告显示，截至2月最后一周，新冠病毒感染的肺炎疫情已对意大利和欧洲的入境旅客数量产生巨大冲击,大批预定取消,并且从全球其他洲前往欧洲的新增机票预订也断崖式下跌。

从1月下旬中国禁止出境旅游团,至2月22日意大利北部COVID-19疫情开始暴发,短短几周内,从世界各地前往欧洲的机票预订量同比减少了23.7%。至2月底,情况更加恶化,前往意大利的机票订单取消量迅速超越了新增预订量。

此外,疫情造成的影响不仅限于意大利,前往欧洲的机票预订新订单量同比下降了79%。

这让吕迪文感受到,欧洲旅游的创新融合迫在眉睫。借鉴"数字经济第一城"杭州的模式,双方的合作可以解决欧洲旅游业存在的问题。

谈及初衷,吕迪文表示:"之前我对会奖行业并没有深入关注,这次2020杭州文旅峰会是一个独特的机会,让我了解疫情对会奖行业的影响,以及行业的最新趋势和洞察。在我看来,杭州已是数字经济的代名词,在这个时代里,没有人能够否认科技的价值和作用。"

目前,全球部分国家旅游组织和供应商已开始提供虚拟旅游服务,而对于以往比较"高冷"的欧洲而言,更重要的是如何把虚拟旅游体验融入每个人的生活中。通过会议能与数字经济领域的潜在合作伙伴交谈,同时也能从其他行业的潜在合作方中找到灵感。

(资料来源:刘晓悦.欧洲旅游委员会中国区主席吕迪文:欧洲旅游创新融合迫在眉睫[EB/OL].(2020-10-11)[2022-08-22].)

【本章小结】

奖励旅游的主要市场需求来自公司,根据公司的奖励目的,可以将奖励旅游的市场需求划分为激励型、奖励型和福利型3种。奖励旅游产品具有高端性、多效能性、奖励目的由企业绩效导向、目的地选择要求高、时间选择广泛、市场需求分异等特点。未来奖励旅游需求会朝着文化性增强、与商务活动相结合、参与性增强,更加多样化和深度性的方向发展。

奖励旅游在不同行业之间的市场需求差别较大,金融保险、直销、汽车等行业是奖励旅游市场的主力军。奖励旅游市场的开发还需要政府的大力支持,以供给引导需求,量身定做奖励旅游产品,把握市场动态等。

【思考与练习】

1.奖励旅游的市场需求有哪些?
2.奖励旅游产品的特点有哪些?
3.如何开发奖励旅游市场?

第4章
奖励旅游的供给分析

【本章要点】

奖励旅游产业链的构成及其延伸和优化。

奖励旅游的中介类型。

奖励旅游目的地的构成要素及营销策略。

会议中心和会奖型酒店。

奖励旅游的服务类供应商类别。

代表性的奖励旅游展会。

4.1 奖励旅游产业链分析

产业链是由具有特定内在联系的产业环节共同构筑的产业集合,这种产业集合由围绕服务于某种特殊需求或进行特定产品的生产与服务提供所涉及的一系列互为基础、相互依赖的产业构成。奖励旅游属于会展活动的一类,为了更好地了解奖励旅游的产业关联,我们将从会展产业链的角度进行分析。

4.1.1 会展产业链

1)旅游产业链

旅游涉及食、住、行、游、购、娱等多要素,其产业发展离不开其他相关行业和部门的参与。因此,从产业链的角度看,旅游产业就是在旅游者具有了旅游需求的前提下,由旅游批发商(主要指大型旅行社)对饭店、交通、游览、餐饮等供应商的产品进行购买、组合或加工,然后再转售给旅游零售商或旅游者过程中形成的产业;其中各环节在追求共同利益时相互联合,据此形成以游客的空间位移为依托的旅游产业链。

旅游产业链界定为,在旅游者到目的地的空间转移及旅游消费过程中,为其加工、组合并提供旅游产品,以助其完成到达目的地的旅行与游览,此间所形成的以旅游企业为核心的各种产业供需关系。

2)会展产业链

会展产业链的概念为,围绕某一主题,以所在区域的产业基础为依托,借助场馆等设施,以人流、物流、资金流和信息流相互交融的价值链为内核,将会展业的主体方(招展商、代理商、场馆、参展商、参观者)和相关方(装修、广告、餐饮、运输、通信、旅游等行业)联合起来所形成的一个推动经济发展的产业关系。

3)会展产业链与旅游产业链的区别

首先,会展产业链是围绕某一会展主题而展开的,旅游产业链是围绕旅游者的消费行为将不同行业的企业或组织组合到一起,为旅游者提供服务的;其次,会展产业链中主要的流动要素是信息流,旅游产业链中主要的是服务流;最后,会展产业链的核心部分处于产业链的前端,即会展活动的策划;而旅游产业链的核心则是产业链的末端,即旅游者的消费。

4)会展产业链的解读

(1)会展产业链的构成要素

从会展产业链的构成要素来看,会展产业链在整体效能发挥中将主体方和相关方整合在一起,并从上游环节、中游环节和下游环节 3 个方面将会展的相关资源组合在一起。其中,上游环节为会展项目的开发者和会展品牌的拥有者,即专业会议组织者 PCO;中游环节为会展项目的具体运作、组织和实施者,即目的地管理公司 DMC;下游环节为会展活动的支持部门,包括直接或间接为 PCO、DMC、参展商和观众等提供服务的部门(图 4.1)。

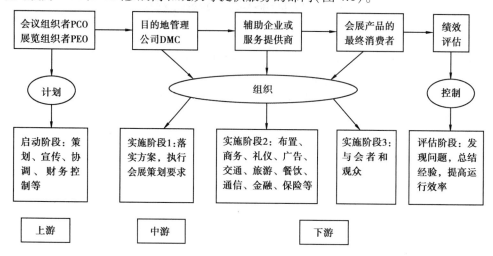

图 4.1 会展产业链流程示意图

[资料来源:吴开军.会展产业链刍议[J].科技管理研究,2011(3):168-170,177.]

(2)会展产业链的运行

从会展产业链的运行来看,PCO 的工作是会展活动的开始和首要条件,中、下游环节仍属于会展活动的实施阶段,只是从会展业的角度认为它们处于从属地位而非会展业的主体。另外,下游环节任务的完成并不意味着会展产业链的终结,因为要使会展活动得以持续进行,还必须对每一次的会展活动进行评估,发现问题,总结经验,剔除不必要的环节和部门,增加忽略的行业和部门,使会展产业链在不断的运作过程中完善起来。

(3)会展产业链的分工

从会展业的实际情况来看,会展的主体方包含了会展活动的上游和中游环节,会展的相关方则是指下游环节。PCO 主要负责会展活动的策划、政府协调、客户招商、宣传推广、财务管理和质量控制等工作,在实际运作中,PCO 与会展活动的发起者即主办者,有时合而为一,有时分离;DMC 则按照主办方的要求将会展活动方案落在实处,具体执行会展设计的要求,处于产业链运行的实施阶段;而支持部门则为会展业提供技术、人才、资金和信息的支持,是会展业发展的基础和必要条件。

总之,从会展流程来看,会展产业链的上、中、下游 3 个环节以及对会展活动结果的评估,构成了会展业的主要活动内容,包括了会展活动从启动阶段的策划、宣传到实施阶段的计划、组织、协调和招徕,再到控制阶段的评估与反馈的全过程。

4.1.2 奖励旅游产业链

根据前文对会展产业链的分析,结合奖励旅游相关产业本身的特点,分析如下所述。

1)奖励旅游产业链的构成要素

奖励旅游产业链是围绕某一主题,以所在区域行业对奖励旅游的需求为依托,借助场馆等设施配备,以人流、物流、资金流和信息流相互交融的价值链为内核,将与之相关的需求方、供给方和中介机构,联合起来所形成的一个推动经济发展的产业关系。

奖励旅游产业链与传统意义上的旅游产业链是有一定区别的。传统的旅游产业链就是人们经常提到的"食、住、行、游、购、娱",然而奖励旅游产业链要素不仅只涉及这6个要素,其已扩展为"食、住、行、游、购、娱、体、会(会议)、养(养生)、媒(媒体广告)、组(组织)、配(配套)",它们相互交织组合,形成了9个类别的行业,带动了酒店、餐饮、旅行社、旅游景区、交通运输、装修、物流、物品租赁、会计、保险、媒体广告、金融、公关礼仪、娱乐和购物的发展。

2)奖励旅游的供给

奖励旅游的供给最突出的就是其对需求者的吸引力,所以为了实现增加需求和满足供给的目标,要提高其自身的吸引力是必不可少的。而奖励旅游发展吸引力是指奖励旅游目的地对于奖励旅游参与者或者组织者的吸引程度,主要分为物质性吸引和非物质性吸引两大类,将目的地以设施和服务两种类型分别归入物质性和非物质性吸引系统。从功能上看,吸引力系统(目的地系统)"主要是指为已经到达出行终点的游客提供游览、娱乐、经历体验、食宿、购物、享受或某些特殊服务等旅游需求的多种因素的综合体",具体如图4.2所示。

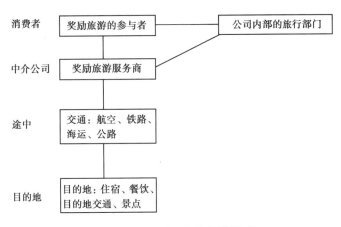

图 4.2 奖励旅游服务的供给模型

3)奖励旅游的中介

奖励旅游的中介是奖励旅游发展各要素的协调互动系统,是在支持系统下客源地系统与目的地系统有效对接的产物。要使奖励旅游达到持续健康发展的目的,在有持续的需求和长足的吸引之外,还需要有积极主动的中介引导。

承办奖励旅游的公司主要有3种类型:一是由企业公司通过自己的下属部门制订;二是由专门规划设计奖励旅游的顾问公司制订;三是委托旅行社代办,并交纳一定佣金。奖励旅游方案的制订虽不皆由旅行社负责,但制订奖励旅游的具体计划并付诸实施时,结果却是绝大部分要通过旅行社。一般来讲,如有值得信赖的旅行社,企业还是极愿予以委托的。旅行社是企业与旅游服务部门联系的纽带,也是主要行程的规划者、组织者、联络者、执行者,在奖励旅游的成功运行中意义非凡。

4.1.3 奖励旅游产业链的特征

1）群体性

单一个体组织无法从事奖励旅游活动,必须要联合上、中、下游相关的组织才能发挥作用,从这个意义上来说它具有群体性。

2）沟通性

奖励旅游产业通过旅行社和相关企业为具有商业目的或非商业目的的群体提供口头交流或信息交流的渠道和平台,从而使信息得到了充分沟通,确定哪些企业需要奖励旅游,以及作出相关的路线安排等。

3）效益性

奖励旅游产业链各链条上的组织通过某种途径的整合,能带来巨大的经济和社会效益。奖励旅游业不仅带来自身的经济收益,还集政治、经济、科技、商业于一身,涉及社会各个领域,能将交通、住宿、餐饮、购物、娱乐、观光等串成一条旅游消费链,推动举办城市旅游、运输等产业的发展,提升城市的知名度,带来相关行业的经济效益和巨大的社会效益。

4）重复性

企业对提供奖励旅游业务的公司选择一般都具有重复性的性质,这就要求中间的产业链之间要不断提高自身的服务水平,不断提高企业中员工的满意度。从而使产业链相互之间可以运转,给各方带来利益。不同的产业在奖励旅游产业链的整合过程中都发挥着核心组织作用,在奖励旅游的策划、宣传、计划、组织中都起着主导作用,调动酒店、餐饮、交通、旅游、金融、保险、邮电、广告设计等中下游的相关方参与奖励旅游活动,并从中创造价值。

5）空间集聚性

完整的产业链各环节都有一定的空间指向性,总是处于一定的地域范围之内,在一定的经济区域内完成产业集聚,奖励旅游产业链也一样,奖励旅游产业发达的城市在企业附近都集聚了相当数量的配套企业,如旅行社、住宿、餐饮、旅游景区、交通运输、邮电通信等。

4.1.4 奖励旅游产业链的延伸和优化

奖励旅游产业链间的产业联动性很强,其效应可以分为前向推动效应、后向拉动效应和旁向溢出效应三大效应,通过对产业内链和产业外链的有效调整可达到奖励旅游产业链综合效应的最大化。

奖励旅游虽然具有强烈的企业管理功能,但由于奖励旅游参加者均是企业的佼佼者,他们不仅具有较高的业务素质,而且办事高度认真,对事情往往要求尽善尽美,如果企业在实施奖励旅游的过程中,稍有不慎或出现丝毫差错,都将会影响奖励旅游管理功能的发挥,甚至使奖励旅游的管理功能消失殆尽。因此,企业要想通过奖励旅游这一新型的管理方式达到企业的各项管理目标,从而充分发挥奖励旅游在企业管理中的作用,还必须找到切实可行的途径与方法,才有可能实现奖励旅游产业链的延伸和优化。

在延伸和优化奖励旅游产业链方面,主要突出以下5个方面。

1)运用奖励旅游手段实现管理的目标

目前,奖励旅游正呈现出新的走势,即奖励旅游朝着与会议、拓展培训相结合的方向发展。换言之,现在像过去一样的纯奖励旅游活动越来越少了,奖励旅游与会议旅游合二为一的"奖励性会议旅游"成为全球的新趋势。这种现象出现的原因虽然是多方面的,如公司的商务理念发生着新变化,公司需要利用雇员集聚的机会,不但要给予奖励,还要进行培训、会议,而不仅限于纯粹的奖励活动;但奖励旅游与会议旅游合二为一,对达到企业运用奖励旅游手段实现管理目标具有重要的意义,乃是全球两大趋势形成的主要原因。

至于奖励旅游与拓展培训相结合,其意义在于将拓展培训融入奖励旅游内容之中,不但使员工领略了自然风光和异地风情,丰富了阅历,开阔了视野,而且迎合了员工被认同和受尊重的要求,更是满足了员工自我发展的需要,使参与者获得自我成就感,从而终生难忘。此外,拓展培训以培养合作意识与进取精神为宗旨,崇尚自然与环保,利用湖海山川等自然环境,设计出创意独特的户外训练活动,综合提高受训者的人格品质、心理素质和团队精神。这种以"拓展"为代表的团队培训方式已被国内一些优秀企业(特别是外资企业)所接受,并有逐渐取代室内团队培训的趋势。

2)大力发展奖励旅游商品购物业

积极推动旅游工艺品、土特产品深加工和精包装等开发、生产、销售"一条龙"经营。扶持一批有一定经营规模和市场开拓前景的旅游商品生产企业,开发具有特色的制品或工艺品等。

3)加快发展饭店餐饮业

努力做好吃、住、行、游、购、娱大文章,着力增加娱乐、购物消费,努力使娱乐、购物等消费比例逐年提高。力推各产业之间按照规范化、标准化的要求发展。并合理规划布局,加快旅游、宾馆饭店等相关产业链的建设。

4)扶持发展旅游交通运输业

以构建舒适、快捷、顺畅的旅游交通"绿色通道"为目标,加快高速铁路、高速公路、普通干线公路、旅游环线网络和景区、城区的停车场等交通基础设施建设,大力支持奖励旅游汽车公司发展。

5)注重奖励旅游的激励性,以达到企业管理目标

如何处理好奖励和员工个人需要之间的关系,使激励的边际效用最大化,是企业管理者必须面对的难题。国外企业十分重视奖励旅游这一管理工具,如新加坡公司使用奖励旅游的目的是强调答谢员工和鼓舞士气;美国公司对参与者的资格审核严格,事先预设激励目标,重视竞争性氛围;而欧洲公司偏重于增强团队精神和对员工进行培训,并与公司业务相挂钩。客户企业实施奖励旅游的目的在于塑造企业文化,达到"软性管理"。根据强化理论,单一形式的奖

励旅游是消极强化,旅游才是积极强化。

因此,企业应在对员工实施奖励旅游计划时,充分了解员工最需要的东西是什么,不断注入新的内容,以达到激励员工,实现管理的目的。

【资料链接】

三亚会奖旅游——影响中国会奖旅游的 10 个基本要素

会奖业是一个敏感度很高的产业形态,不仅是行业内部,其他很多行业、领域的变动,都可能会对会奖市场的运作及走势产生影响。从现阶段中国会奖市场运行的特点分析,影响其走势的主要因素有:

1.经济形势

作为会奖市场的主体,企业在经济形势看好时,愿意花更多的钱在会议、活动及奖励旅游上。反之,企业就会削减一部分开支,而会奖活动则首当其冲。虽然社团会议,包括行业会议、学术会议、社群活动等,不直接与经济形势挂钩,但这些会议的最终买单者主要还是企业,所以经济形势的好坏仍然会在社团会议市场上反映出来。

2.消费市场的变化

或许有人认为消费市场走势与会奖市场关系不大,其实不然,这主要是因为会奖市场本身就是整个消费市场的有机组成部分。从表面上看,会奖市场具有典型的 B 市场的特点,但其最终服务对象实质上是 C 端客户,即参会者——会奖及其关联服务的终端消费者。这部分消费者的消费层次、消费能力、消费品位、消费特点等,影响着会奖产业链各方的决策和行动。中国消费市场目前正处于重要的发展变化时期,消费层次的分化与价值取向的多样化,正在对会奖市场的走势产生深刻影响。

3.行业组织模式与产业政策

会奖产业是国际上普遍认可的政府需要深度参与的少数行业之一。中央政府、地方政府相关部门是否参与,参与的程度,是否有政策支持,以及支持的力度等,对于会奖业的发展关系很大。比如,国家层面上是否成立类似于西方国家 CVB——“会议局”之类的机构,以及是否出台全国性的会奖产业政策等。到目前为止,有些地方政府相关部门已经开始重视会奖产业,但大部分地区还没有什么实际行动。

4.上游市场——终端客户方

从企业会奖市场来看,对中国主流会奖市场做出重要贡献的行业主要包括汽车、医药、IT、快消等,这些行业的市场波动都会很快传递到会奖市场上来。比如说前些年医药行业的风波,去年开始的汽车市场的下滑等。除了市场波动之外,企业运营管理模式的调整也会对会奖市场产生影响;社团组织作为会奖市场上一类重要的终端客户群体,它们的各种调整与变化,也会传导给会奖市场。但相比之下,社团会议市场波动的节奏更慢,量级也要小很多。

5.中游市场——会奖公司

会议公司、活动公司、奖励旅游公司等中间服务机构,包括以终端客户为服务对象的 PCO,

以及以地接为主要工作内容的DMC,都是会奖市场上非常活跃的组成部分,这部分市场的变动,比如兼并重组等,都会在不同程度上改变现行市场的运行规则,进而对整个会奖市场产生影响。

6.下游市场——场地供应方

会议中心、酒店、度假村以及各类特色场所、会议旅游综合体设施等会奖活动场地,作为会奖市场的重要组成部分之一,其供需关系的变动,不可避免地会影响到交易活动中的价格、采购方式、结算方式等。

7.行业平台与技术应用

如果说行业平台影响的主要是交易的模式与效率,那么技术作为社会经济变革的基本推手对会奖市场及会奖活动运作产生影响的范围就要大得多。线下交易平台,虽然效率不是很高,但至今为止仍然是国际国内主流会奖市场的核心运行模式;线上交易平台虽然颇有潜力,但对于个性化很强的会奖市场如何产生价值还有待于进一步探讨。毋庸置疑,面向未来,技术将会从更多方面对会奖市场以及会奖活动的策划、组织运营及服务等各个环节产生重要的影响。

8.重大事件与突发事件

重大事件,包括会议、活动、赛事等,都会从不同的侧面对全国或者区域会奖市场产生影响。比如:APEC、G20、奥运会、冬奥会、世博会,还有达沃斯论坛、博鳌论坛、世界互联网大会等。而突发事件,比如流行疾病、地震、台风、核灾难、难民潮、极端天气等,对于会奖市场的负面影响更大。

9.出入境管理

入境管理政策的调整,一定会对会奖市场,尤其是国际会奖市场产生影响。比如:国际会议的审批制度、国有企事业单位及人员的出境控制、72小时或更长时段的免签等。

10.关联行业的变化

会奖业的交叉性特征,决定了关联行业的重大调整、变化以及市场波动等,会直接或间接地传递到会奖业。比如旅游、展览、公关、活动、节庆、赛事、文化艺术、购物、娱乐、健康等。

(资料来源:王青道.三亚会奖旅游——影响中国会奖旅游的10个基本要素[EB/OL].(2016-03-12)[2022-08-22].)

4.2 奖励旅游的中介

奖励旅游的中介负责奖励旅游业务的策划、组织,具体包括下述几类。

4.2.1 奖励旅游公司

奖励旅游的迅速发展使相应经营机构得以建立。在美国,这些机构被称为"动力所"(Motivational House)。这些机构不仅策划奖励旅游活动,而且还为购买奖励旅游产品的公司、组织安排好活动的全过程。许多组织奖励旅游的企业,都加入了它们自己的协会——奖励旅游管理人员协会。

奖励旅游机构在旅游方面的业务职能,并不是安排旅游的行、住、食、游、购诸要素的所有细节,而是将这些要素有机整合起来,打包出售给奖励旅游的购买者。奖励旅游机构作为旅游批发商,其实是代表奖励旅游的购买者办事,即同航空公司、游船公司、旅馆饭店、汽车出租公司这样的供应商谈判,取得每次旅行活动的总成本,通常再加 15%~20%(这里包括其费用和利润),最后给奖励旅游的购买者一个综合报价。所以,奖励旅游的费用取决于奖励旅游机构同饭店、航空公司这样的供应商所获得的价格。

奖励旅游机构的独特职能,是为奖励旅游产品的购买者,在公司内宣传奖励旅游活动计划,从而调动公司雇员和客户的积极性。

在国际上,从事这类奖励旅游业务的机构有下述 3 类。

(1)全方位服务奖励旅游公司

全方位服务奖励旅游公司(Full-service Incentive Company)在奖励旅游活动的各个阶段向客户提供全方位的服务和帮助,即从策划到管理这次奖励活动,从开展公司内部的沟通、召开鼓舞士气的销售动员会到销售定额的制订,同时要组织并指导这次奖励旅行。

(2)完成型奖励旅游公司

完成型奖励旅游公司(Fulfillment type of Incentive Company)是单纯安排旅游的奖励旅游公司,通常规模较小,多数由全方位服务奖励旅游公司原来的管理人员创办。其业务专门集中于整个奖励活动的旅游销售上,而不提供奖励活动中需要付费的策划帮助。

(3)奖励旅游部(Incentive travel department)

奖励旅游部是设在一些旅行社里从事奖励旅游的专门业务部门,其中部分奖励旅游部有能力为客户提供奖励旅游策划类的专业性服务。这类机构的优势在于,能直接利用旅行社累积的旅游资源。

4.2.2 代表性的商务旅游企业

商务旅游是一个大市场,随着跨国公司进入中国,外国商务旅游公司也会逐步进入中国,从而带来更为激烈的市场竞争。

目前,国际知名的商务旅游企业已纷纷进入我国,通过合资或独资的方式成立专业化商旅服务公司,一些专业会展公司,如三大世界展览业巨头——德国汉诺威、意大利米兰、德国法兰克福展览会有限公司,都在上海黄浦江畔设立了分支机构。商务旅游企业分类主要有专业商务旅游公司、中国本地旅行社和专业的旅游网站。

1)专业商务旅游公司/会奖公司

中国在《设立外商控股、外商独资旅行社暂行规定》中规定:外资旅行社不得经营或变相经营中国公民出境旅游业务。不能踏入雷池的外资旅行社便在中国旅游业寻找新的发展机遇。WTO 承诺,在 2005 年年底,中国允许外商成立独资旅行社。于是,国际旅游巨头们迅速进入中国旅游市场。其中有世界排名第一的美国运通以及德国 TUI、美国嘉信(CWT)、英国 BTI (Business Travel Internationa)、美国胜腾(Cendant)、澳大利亚弗莱森特等国际商务旅游行业的巨无霸。

2002 年 5 月,世界最大的旅行管理公司——美国运通就以合资的方式进驻中国,其最大的核心业务直指"集团差旅服务"。国际性跨国公司都希望提供高质量、高标准的一站式服务,世界500强企业几乎都在中国设有分支机构。自从运通在中国创建首家商务旅行合资公司——国旅运通以来,它在中国的业务发展可谓有条不紊、蒸蒸日上,现已为30多家在华跨国公司和国内公司提供服务,其中包括福特汽车、麦当劳、百威啤酒、AT&T、SAP、中国网通等公司。

2003年9月8日,中国旅行社总社、德国TUI集团、MB中国投资有限公司三方共同签署了合资合同书,成立了内地首家外资控股旅行社——中旅途易有限责任公司,其主要业务是欧洲人来华商务旅游,TUI拥有庞大的旅游网络系统,业务涉及航运(持有德国汉莎航空公司股份)、酒店、度假区、旅行社等。中旅途易现阶段的业务主要包括3个方面:商务旅游、差旅管理服务和休闲旅游。

锦江国旅在2003年11月与英国BTI公司签署正式合资协议,双方合资组建"上海锦江国际BTI商务旅行有限公司",于2004年1月1日在上海正式开业,这是上海首家外资控股旅行社。

2003年12月,香港中旅集团将其旗下的香港中旅网分拆出来,正式成立了香港本部专门经营商务旅行管理业务的子公司;同时,将2003年在北京全资收购的原北京商泰航空服务有限公司正式改名为"港中旅国际商务旅行管理(北京)有限公司"。这两家同一旗下、同一品牌的专业化商务旅行管理公司,还一同加入了世界上大规模的商务旅行管理网络公司之一的"SYNERGI"公司的行列。可以看到,无论是锦江国际,还是港中旅,一系列合资、重组公司都不约而同地瞄准了商务旅游市场。

世界第二大商务旅行管理公司嘉信力旅运,与中国境内最大的国际航空运输协会会员——中国航空服务有限公司强强联手合资成立中航嘉信商务旅行管理有限公司,正式宣布在上海和广州设立分公司,携手进军中国内地的商务旅行管理市场。作为世界上第二大商务旅行管理公司的嘉信力旅运,其业务已经遍布全球的140个国家,年营业额达105亿美元,该公司业务在网络覆盖面上位列全球首位。

近年来,国内越来越多的会展/会奖公司专门面向会议和奖励旅游业务成立,并获得迅猛发展。中国商务会奖旅游金椅子奖(CHINA MICE GOLDEN CHAIR AWARDS)由代表中国领先的高端旅游及会议会展类出版物《商务奖励旅游》杂志于2007年发起并设立,是中国商务会奖旅游业界最早、最具权威的奖项,旨在表彰为中国MICE产业做出突出贡献以及为中国MICE产业发展做出先锋表率的团队与个人。2021第十届中国商务会奖旅游金椅子奖包含年度最佳酒店、目的地、会奖公司和航空公司四大类,其中2021年度最佳会奖公司有以下三家:中青博联整合营销顾问股份有限公司、中旅国际会议展览有限公司和大新华会展控股有限公司。

2)中国本地旅行社

中国本地旅行社也受丰厚利润的吸引,纷纷涉猎规模庞大的商务旅游市场,主要组织结构模式如下所述。

其一,在原有旅行社的基础上增加一个新的业务部门来单独处理商务旅游项目。大多数国内旅游服务企业都是采用这种方式,并且还只是一种尝试性的业务规划,基本上仍以传统的旅游产品为主。例如,上海中国国际旅行社股份有限公司设立了商务旅游会展中心,其主要业务就是承担国旅所承办的国际国内会务、商务旅游业务。

广州交易会国际旅行社有限公司(简称"广交会国旅")是隶属于广交会的承办机构——中国对外贸易中心唯一的专业商旅公司。公司自1985年成立以来,以广交会的品牌和资源为依托,为参加广交会的参展商和客商提供会前、会中和会后等旅游接待服务,为广大客商赴境外参展和开展商旅活动提供完善而个性化的咨询和服务。该公司为中国旅游协会(CTA)和国际航空运输协会(IATA)的正式会员,其商务旅游中心,专门承接各类参展团队、奖励旅游、商务会议、培训活动,以及为各旅行社同行提供量身定做的包团服务,特别擅长出境游方面的业务操作。

广交会国旅组织大公司奖励旅游的历史最早可追溯到1993年,其服务过的大公司包括宝洁、雅芳、美赞臣、尼尔森、美的、松下万宝、仙尼蕾德、安利、健力宝等,他们曾参与组织过的典型大型团队活动包括:仙尼蕾德公司1997年1 100多人在中国香港召开年会,中国香港海洋公园有史以来第一次被包园一天;安利公司1999年400多人赴泰国奖励旅游,2000年1 600多人赴澳大利亚奖励旅游,2001年4 000多人赴马来西亚奖励旅游;健力宝集团重组后在世界顶级丽星邮轮上举行了启航仪式、新产品发布会,并组织了一系列的旅游活动;2005年7月11日,中国人寿湖北分公司的1 420名员工踏上了飞往厦门的奖励旅游旅程,通过竞争获得组团资格的东兴国旅包下4架飞机,专程运送这批游客。

其二,在旅行社有限公司下设立专门的商务旅游子公司,由子公司独立运作,专门经营商务旅游。这类旅行社通常是在商务旅游较为发达的地区采用这种形式,例如上海中青旅成立了上海青旅盛事会展服务有限公司,专门为各级政府部门、大型企事业单位、跨国公司、外商驻华机构、国际组织等客户提供会务、展览、旅游、庆典等方面的专业服务。尽管这两种经营模式都是共享原有旅游企业的资源,但是两者对于商务旅游在整体战略中的定位是不同的,因而必将影响到企业在商务旅游市场中的行为和市场份额。

广之旅的商旅、会展经营收入占总营业收入的10%,广州各大旅行社已纷纷采取各种措施来抢占商旅市场;南航国旅成立了专门的商旅公司;广之旅则成立了专门的会展旅行服务中心和公商务旅行服务两个部门来负责商务、会展市场。

综合来看,国内旅行社和外资服务企业的业务定位仍迥然不同,就目前国内企业来说,商务旅游的经营范围较为宽泛,其业务范围几乎无所不包。而外资企业现阶段则专注于高端商务旅行,以专业化为核心,目标市场集中于企业,尤其是大型企业;更确切地说,它们的主要业务是商务旅游咨询或管理,而不是组团或接团。正由于二者之间的目标市场差异,商务旅游的直接竞争还没有被激化。

3)专业的旅游网站

在专业的旅游网站中,其杰出代表要属携程和艺龙了,它们在商务旅游领域的经营取得了突出业绩,直接威胁着传统旅行社的经营模式和利益。携程在其"旅游"的业务中专门列出了公司旅游,与跟团游、自驾游和自由行属于并列的旅游业务,而公司旅游的细分项目中第一项就是奖励旅游,其次还有商务考察、会展展会、特色旅游、境外会议注册、体育赛事和私人定制等。可见,奖励旅游已经成为携程的重要业务之一。

4.2.3　设立奖励旅游部的旅行社

广州三大旅行社分别为广之旅、广东中旅以及南湖国旅,它们走在奖励旅游的最前线。此部分将以这3家旅行社为例进行说明。

广之旅国际旅行社股份有限公司是华南地区规模大、实力强、美誉度高的旅行社之一,主要经营入境游、出境游和国内游三大旅游业务,同时兼营电子商务旅行、会展服务等业务。近几年来,由于会展业的发展,逐渐开发了奖励旅游的活动策划项目。奖励旅游活动策划的客户群主要是大的企业,如东风日产、中国人寿、中原地产、菲利浦、嘉宝莉、美的、南方日报、三星电子、网易等近 50 多家知名企业。奖励旅游的策划也越来越走向专业化,但是与国外同行相比,尚缺乏专业的关于奖励旅游方面的培训,缺少高端的会展奖励旅游专业人员,并且对潜在的小公司和初次访问的大多数的个人来说,设置了较多门槛,从而造成了客户流失。

广东中旅(集团)有限公司是省国资委旗下唯一一家旅游集团公司,广东省中国旅行社股份有限公司是广东中旅集团的核心企业,并且还成为政府、公商务和大型活动的主要承办、接待单位。例如,此公司在 2009 年曾经成功承办过“安利心印宝岛万人行”活动,组织接待“六十周年国庆”1 200 人海外华侨观礼团等。在策划奖励旅游方面也是走在前沿的。相比较前两家,其客户群是比较大的,除了企业包团还有政府单位的包团和某高校的教师团,医院的医生团等。其奖励旅游活动一般也是按照客户的要求来制订的,其业务量也是可观的。

广东南湖国际旅行社有限责任公司(以下简称“南湖集团”)是一家集旅行社、航空服务公司、旅游风景区、度假村、酒店、车队等为一体的大型综合旅游集团。2009 年,南湖集团成为全国十强旅游集团之一。其主要业务包括西部游、国内游、省内游、港澳游、出境游、特种旅游、自由行、公商会务旅游。在其网站上非常清晰地设置了奖励旅游板块,使初次访问者能够一目了然。因此,客户可以很容易地找到奖励旅游方面的信息,这样能使顾客产生一种亲切感。南湖国旅真正将网站做成了公司和顾客之间的交流第一平台,显示出公司的职业性和效率性。与南湖国旅合作的企业就有近 50 家知名集团,例如,中国联通、广东盐业集团、百盛餐饮集团、南方航空公司、广东发展银行、广东省旅游局、麦当劳等。但是此公司也存在着相同的问题,由于会展是新兴的产业,所以设有奖励旅游项目的旅行社都存在着策划团队缺乏专业性、高端的会展旅游专员不足等问题。

【资料链接】

“东方会奖”品牌成为近年会奖领军

拥有多年大型旅游和活动策划、操作积累经验,致力发展会奖旅游品牌服务,屡次打破业内单场旅游接待客户人数,及行业项目创新性项目,为客户提供超乎想象的增值服务。

“东方会奖”品牌获得客户认可的主要秘诀:

①背靠岭南航母资源,得到其全面支持;

②专注于旅行创意、重视体验开发,整合一线旅游资源;

③境外大型团队操作经验,员工整体素质高,学历均为大学或以上;

④超前的会务体验和品牌推广方案,解决客户在境外营销的难题;

⑤品牌创始人邱杰先生以人为本,服务至上的经营理念,以产品为中心,以顾客为导向,将会奖服务推向全新的高度。

在过去精彩的 2019 年,他们再次成为多个行业顶尖案例创造者;某知名保险公司 100 周年星梦邮轮年会(800人),顶级微商品牌奢华迪拜游(1 746人),某互联网科技三周年泰国梦幻之旅(2 540人),某知名化妆品企业4周年巴厘岛年会(1 360人);金融领域诺唯真邮轮包船日本之旅(4 700人);金融领域越南岘港高峰论坛(2 500人),金融领域迪拜星耀论坛(3 500人);某国内知名化妆品企业澳门国际演艺级发布会(2 000人)。

一起走进"东方会奖"

1.东方会奖打造的服务理念是什么?这一服务理念体现在东方会奖哪些方方面面?

2.东方会奖打造品牌中的服务亮点是什么?

3.品牌佼佼者

4.品牌创始人

独到的品牌服务理念

东方会奖秉承"让客户感受超品质、超理念、超期望"之服务理念,东方会奖品牌站在万物营销,创新无界的时代"高度",积极推广品牌服务,率先首推打造营销服务的理念。

东方会奖是一家专注为区块链、社区电商、直销、微商、互联网等行业提供一站式"定制旅游"服务的公司。致力于品牌旅游营销与平台服务的高端品牌。东方会奖作为2019年会奖旅游行业的独角兽,目前拥有超过40多个国家和地区的国际化专业执行团队、媒体资源、交通资源和场地资源。专注于服务过程,一手的资源和新型的服务信念,让东方会奖获得了客户和行业的好评。

发展初期,东方会奖的优势在于拥有超具实力资源整合能力的掌门人邱杰及经验丰富的执行团队,通过专业的定制策划方案,为客户解决了管控沟通、人力及资金成本等问题,同时为客户提供了量身定做的旅游营销解决方案。

目前,通过整合40多个国家和地区的优势资源,为客户提供差异化的品牌特色定制全案。定制化产品与高效执行团队的高度融合,为品牌IP造势赋能,提升客户的品牌价值,为客户拓展新市场提供助力。在数字货币区块链的热潮下,东方会奖深度挖掘行业痛点,全方位打造"数字货币+旅游"新模式,为客户提供专业的旅游咨询服务和丰富的旅游产品及资源,使客户对市场发展趋势有更敏锐的触觉。

服务亮点

超高的服务标准,为客户团队实现造势及宣传效果。在各类大型会奖旅游服务执行中,贵宾专属通道及快速通关、身穿当地民族服饰特色的接机仪式、全程视觉化的品牌包装等,都是东方会奖服务的基础配置。

东方会奖在跨界整合资源有绝佳的优势。在会奖旅游活动中,为客户方邀请大牌明星、政府官方主流媒体、境外国家皇家亲信出席、订制活动赛事等需求。东方会奖让客户代理团队在旅程中玩得尽兴、玩出花样。活动中,专业摄影团队立体的精修照片以及精简视频的同步输出,配合客户团队造势推广,为品牌实现精准引流。在旅游中,打造品牌IP,彰显品牌个性,提升品牌效应及认同感,增强团队荣誉感和凝聚力。

品牌佼佼者

东方会奖成为众多数字货币区块链、直销团队、微商团队等新兴行业的出游首选。东方会奖用高质量的服务,不仅赢得客户的一致好评和认可,也为东方会奖高速发展打下了坚实的基础。东方会奖不管是规模还是服务质量,都是行业的佼佼者。

东方会奖品牌创始人邱杰

邱杰作为东方会奖品牌的创始人,善于把握风口趋势,引领行业潮流。借助区块链技术,在金融领域将产生更多创新技术、方法和产品。例如当下东方会奖品牌与区块链等深度延伸，还致力于"区块链应用+旅游""区块链应用+民宿"等项目发展，这些都是区块链可以应用的具体领域；邱杰认为，区块链技术也可以创造出新的金融工具发行方式，及旅游行业创新。这就和互联网一样，区块链技术会在世界范围内释放巨量的潜力和创新力，他愿意作为旅游行业的第一位尝鲜者。

（资料来源：雪球."东方会奖"品牌成为近年会奖领军［EB/OL］.（2020-02-20）［2022-08-22］.）

4.3　奖励旅游目的地

4.3.1　奖励旅游目的地

1）旅游目的地

所谓旅游目的地，是吸引旅游者在此作短暂停留、参观游览的地方。旅游通道将客源地和目的地两个区域连接起来，是整个旅游系统的桥梁。旅游目的地是旅游活动的中心，旅游目的地把旅游的所有要素，包括需求、交通、供给和市场营销都集中在一个有效的框架内，可以看作满足旅游者需求的服务和设施中心。旅游目的地的定义为"一定地理空间上的旅游资源同旅游专用设施、旅游基础设施以及相关的其他条件有机地结合起来，就成为旅游者停留和活动的目的地，即旅游地。旅游地在不同的情况下，有时又被称为旅游目的地，或旅游胜地。"

2）奖励旅游目的地

奖励旅游目的地是那些可以为企事业单位提供奖励旅游项目的空间或区域，除了具有旅游目的地的一般特征，还应满足组织开展奖励旅游活动的管理、服务和综合需求。

奖励旅游的对象包括企业员工、企业产品经销商、企业品牌的忠实消费者及企业相关客户。为使这些特殊的受众获得终生难忘、值得回味的旅游经历，不仅要求目的地具有得天独厚的旅游资源、高标准的旅游设施与精细周到的旅游服务，而且要求奖励旅游活动项目的设计富有参与性和创造性，这就给奖励旅游目的地及相关企业带来了严峻的挑战。

据统计，大部分奖励旅游业务首先来自跨国性的国际公司，其次是条件优越的企事业单位，它们每年都会举行大型年会、奖励表彰会，并为员工提供相应的奖励旅游活动，而著名的旅游胜地通常是奖励旅游首选之地。此外，一般旅游活动都具有明显的季节性，而奖励旅游活动为达到最佳的效果，一般都在时间安排上错开了传统的旅游旺季，这无疑对旅游目的地平衡淡旺季客源具有积极意义。

奖励旅游对目的地的选择总体要求很高，不仅要具有方便的交通条件和高档次的旅游接待设施，而且要有上乘的服务水准和优美的自然环境，尤其是必须拥有特色鲜明的旅游资源或旅游吸引物。目的地要有品位，与众不同，有独特的自然体验。其中，高度发达的目的地和独特魅力的旅游胜地比较受欢迎。

根据 CEL Asia Pacific 2005 年对商务旅游和会奖旅游业者的问卷调查统计，目前最受欢迎的远程商务和会奖旅游目的地依次为:夏威夷、美国西海岸、纽约、伦敦、迪拜、维也纳、巴黎、法兰克福。

【资料链接】

促进会奖业发展做好三件事
——专访新加坡旅游局大中华区署长柯淑丹

（2018-06-28）

2018 年,新加坡旅游业持续保持增长,全年入境旅客达到 1850 万人次,同比增长 6.2%;旅游收益达 271 亿新币(约合人民币 1 352 亿元)。2018 年赴新加坡旅游的中国内地游客人数已突破 341 万人次,同比增长 6%,占 2018 年新加坡入境总人数的 18.64%,稳居第一大客源国的位置。就商务会奖旅游而言,截至 2018 年第三季度,新加坡共接待 200 万人次的商务会奖旅客,同比增长 14%,商务会奖收益同比增长 10%。从国际会议的角度看,根据国际会议协会(ICCA)新近发布的数据,2018 年新加坡举办国际会议 145 个,继续领跑亚太地区各主要城市。无论是从旅游业还是从商务会奖、国际会议等领域看,新加坡取得的成绩都是十分突出的。会奖旅游业的发展离不开政府的协调和参与,换句话说,新加坡旅游业、会奖业取得的成绩与新加坡旅游局所做的努力分不开。那么新加坡旅游局都做了哪些工作呢? 本刊记者借着参加新加坡大中华区会奖业大会的机会,采访了新加坡旅游局大中华区署长柯淑丹女士。在她看来,让会奖旅游更便捷、推出更多有价值的产品和完善激励政策才是**促进新加坡会奖旅游业持续发展的"三大法宝"**。

让会奖旅游更便捷

作为国际会奖旅游目的地,首先要做到的就是便捷:一方面让那些有意向到新加坡来举办商务会奖活动的策划人更加方便快捷地找到他们想要的会奖活动场地、酒店以及相关的体检产品、旅游产品等,然后联络下单;另一方面扩建机场,增加更多的国际航线,让新加坡与世界上更多城市直接连通起来。

利用先进技术手段实现会奖旅游便捷化是一个重要策略。柯淑丹向记者表示,近些年,新加坡旅游局在这方面做了很多工作,成效也不错。新加坡旅游局总部不仅在旅游资讯与服务平台(Tourism Information and Service Hub,TIH)等方面做了更新,而且还针对大中华区会奖业界开发了"新加坡商务会奖旅游"小程序,取得很好的进展和反馈。"新加坡商务会奖旅游"小程序拥有诸多实用的导航栏:活动场地、奖励旅游、独特体验、亮点分享、合作伙伴等;再深入进去,在"活动场地"里,用户可以发现不同于大部分会奖网站的内容:其中"场馆类别"又分为传统活动场地、非传统活动场地、全部场馆三大类;"传统活动场地"主要是指酒店和商务活动空间,"非传统活动场地"又分为海滨与海景场地、可俯瞰新加坡场地、野生自然场地、历史文化场地和特色场地几个类别。这种分类方法对于会奖活动策划人而言,很是方便实用。小程序里的"独特体验"栏目也很有新意,可以让策划人很快了解新加坡体验项目的大致情况,然后据此找到他们想要的项目。"独特体验"的类别又分为欢乐时光、团队建设、特色之旅等。而"团建活动"又分为探索、健康、音乐、文化、冒险和美食等。

相对于在线系统,机场扩容、航线及联通城市数量增加来得更加直接有效。新加坡本来就是一个国际化城市,国际航线通达城市基数就比较大,而新加坡政府仍在致力于增加这方面的能力。柯淑丹告诉记者,目前已经有100多家航空公司入驻樟宜机场,目的地涵盖400多座城市,一共有7 400多个航班。她特别指出,新加坡政府十分重视中国市场,目前新加坡已与中国约40个城市通航,其中有将近30个直航城市,每周有400多个直飞航班。

据了解,2018年4月,新加坡航空和酷航(Scoot)接管胜安航空(Silk Air)的多条中国至新加坡的航线,新加坡酷航已经达到了23个直飞中国的航线;此外,2018年年初,海南航空下属合资公司北部湾航空(GX)正式开通兰州—南宁—新加坡航线以加强新中两国间的整体运力;4月底东方航空公司也分别在长沙往返新加坡、西安往返新加坡的航线上增加了每周的航次;5月,乌鲁木齐航空将开通乌鲁木齐—武汉—新加坡航线……密集的航线通道为中国客人来到新加坡提供了足够的便利。

推出更多有价值的产品

要想吸引更多人,留住更多人,让更多人再来,就必须不断推出新的旅游产品和会奖产品。柯淑丹女士对此充满信心。她表示,尽管新加坡的会奖旅游产品十分丰富,但为了进一步满足人们不断变化的需求,新加坡政府会与企业界积极协作,**推出更多有价值的会奖旅游产品**,如新加坡推出以下值得关注的项目:

第一是"设计·乌节"和"星耀樟宜"。乌节路的"设计·乌节是一个新建的小楼,里边有60多家新加坡本土的设计师和他们所设计的独一无二的产品,很值得一去。而另一个是在2018年4月开幕的大型旅游项目"星耀樟宜",柯淑丹告诉记者,这是一个很有吸引力的综合性旅游项目,很多新加坡本地人都去体验了这个项目,大家普遍感觉很好。它拥有全世界最高的室内瀑布,高达40米,而且有很多景点可供参观,比如占地1.4万平方米的星空花园,其中包括迷宫世界和天空之网。除此之外,里面还有一块很好的活动场地,可以举办发布、交流及餐饮方面的活动。

第二是升级两个综合度假村(integrated resorts)项目。这两个项目,一个是滨海湾金沙,另一个就是圣淘沙名胜世界。目前,这两个项目自身就可以为MICE活动提供超过80 000平方米的净可用空间和超过4 000间酒店客房,项目扩充之后,在会议空间、客房、景点方面整体有所提升。滨海湾金沙还将会新建一个可以容纳15 000人的场所,以及第四栋酒店大楼,再提供超过1 000间客房;至于圣淘沙名胜世界,其中的新加坡环球影城会开辟两个全新的主题区域,而目前很受欢迎的S.E.A.海洋馆也会扩建,达到目前大概3倍以上的面积。他们也会增加酒店设施,增加超过1 000间客房。

第三是"重振乌节计划"。乌节路在新加坡是很受欢迎的景点。2018年,乌节路在圣诞节亮灯仪式等重大活动上吸引了470万人,其中26%为游客。"重振乌节计划"(Orchard Road Rejuvenation Plan)主要分两个方面:第一,乌节路历史上曾经是果园,那就还原果园历史,为乌节路赋予故事和特色;第二,希望加强乌节路的体验感,满足不同目标人群和不同企业的体验需求。

第四是摩天轮"时间囊"(Time Capsule)。新加坡摩天轮运营11年来,一直拥有健康的访客量。2019年第四季度,新加坡摩天轮预计开放全新景点"时间囊",这一景点将会通过全息技术和交互式多点触摸屏,向访客展现700年前到现在的新加坡岛上的历史故事。

第五是裕廊湖区建设。裕廊地区目前并非传统意义上的旅游区域,而更偏向住宅和工业用途,但裕廊湖区整体环境是十分休闲的。新加坡旅游局目前在这个位置规划了一片大约7公顷(7万平方米)的区域,用来开发一片综合旅游项目,其中包括酒店、景点、餐饮和零售等功能。

第六是万礼生态区项目。2018年,以新加坡动物园,河川生态园,夜间野生动物园为基地,旨在打造新加坡自然天堂的万礼生态区。此项目与新加坡"花园城市"的称号相辅相成。根据最新的万礼生态区规划,以自然为主题的环境友好型酒店悦榕庄即将入驻公园,这既是新加坡本土酒店品牌在岛内的得意之作,也是这个新加坡酒店品牌在新加坡建立的第一个花园式酒店。万礼生态区的第一步——全新的飞禽公园,预计将在2020年完成并开放,雨林公园预计将在2021年年底建成。

第七是增加新酒店。从现代商务酒店到豪华海滩度假村,从经济型酒店到精品酒店,新加坡拥有各种各样的住宿选择,可以满足各种预算和偏好。世界十大酒店集团中,包括洲际酒店集团(Inter Continental Hotels Group)、希尔顿全球酒店集团(Hilton Worldwide)和卡尔森酒店集团(Carlson Rezidor)在内的五家集团都把区域总部设立在新加坡。新加坡已拥有420家酒店和超过67 000间客房,提供丰富选择。

完善激励政策

奖励计划也是很重要的。针对中国市场,新加坡旅游局推出了3个不同的奖励计划:一是BEiS(Be in Singapore);二是INSPIRE惠聚狮城;三是M&I Star会奖之星。一直以来,新加坡旅游局针对业者和企业客户推出的奖励政策都得到了正面效果。新加坡旅游局一直在探讨怎样把奖励计划做得更好。因此,2019年,"M&I Star会奖之星"及"INSPIRE惠聚狮城"均已经做了延期。

新加坡是商务会奖的理想之地,因此新加坡展览及会议署推出了**商业活动(BEiS)资助计划**,旨在提供个性化的商业活动支持,例如帮助预订场地,介绍主要政府机构和商业合作伙伴,进行营销和宣传等。

旅游业是新加坡名副其实的支柱产业,其中会奖业又具有复购率高、人均消费额高等特点,故而颇受重视。与国际国内很多城市相比,新加坡旅游局在推动会奖业发展方面所采取的措施得力而有效,**在推动基础设施建设的同时,积极推动会奖旅游产品的开发和创新,然后辅之以激励政策**,如此才成就了会奖业繁荣发达的新加坡。

(资料来源:会链接)

【资料链接】

新加坡加码会奖支持政策,新增众多旅游和会展体验
——新加坡旅游局中国华北区经理刘媛媛

(2022-08-30)

随着新加坡放宽防疫限制,当地入境旅客人次和旅游收益持续增长,市场也反映出强劲的旅游和会展需求。会展方面,新加坡今年第一季举办了超过150场活动,与会者超过3.7万人,

下半年,66个国际活动已确定在新加坡举行,包括9月的亚洲食品饮料展与新加坡设计周、10月的国际酒店餐饮展、11月的亚洲铜业周大会等。据此,新加坡旅游业者积极推出众多全新体验,新加坡旅游局也趁势向中国市场宣传一系列政策支持。

会奖政策支持

除了将"会奖之星M&I Stars 3.0"业者奖励计划延期到2025年3月31日,新加坡旅游局也推出提升版的奖励计划"惠聚狮城"2.0,将商团可免费参加的独特体验增至近80个,以更加丰富地体验赋能业者。同时,计划继续通过"BEiS新加坡商务会奖活动奖励计划""新加坡会展旅游优势计划(SMAP)3.0"推进可持续认证及环保措施。未来新加坡旅游局还将加强开拓创新科技、金融科技及健康医疗等客源。

接下来,许多活动将陆续举行,如2023年新加坡机场设施展览会、2023年新加坡勘探技术与海洋工程展览会、2023年国际商标协会Live+年会、2023年国际天然气展、2023年运输物流与航空货运交易展(东南亚版)、2024年世界厨师大会及展览会、2024国际扶轮社第115届常年大会、2028年第110届国际狮子会年会,以及FIND亚洲设计展、SILMO新加坡眼镜展、亚洲总裁峰会等。而安利中国近期官宣其2024年营销菁英研讨会的目的地为新加坡,中国机电产品进出口商会(CCCME)也表示未来将在新加坡创立独立的展会品牌,通过一展一会的模式,加强以新加坡为中心的周边国家商务活动联动。

自8月29日起,新加坡取消了在室内及航班上戴口罩要求。同时,允许未完全接种疫苗旅客免隔离,只需出发两日前完成检测,逐步恢复商务会奖旅游活动。

新加坡旅游业者推出诸多全新体验

另一方面,**新加坡旅游业者将陆续推出诸多全新体验**。滨海湾花园近期推出提升园区运营效率的无人化的智能花园运营,以及"虚拟花园"服务,探索新的娱乐、教育游览形式。而预计2026年完成的滨海湾金沙扩建计划,将投资45亿新币,扩建综合娱乐区第四栋酒店大楼、1 000间奢华套房、可容纳1.5万人的娱乐表演场馆,以及一个超大型MICE场地。圣淘沙名胜世界2.0扩建计划则总投资45亿新币,新增16.4万平方米的综合娱乐场所,包括令人期待的新景点、娱乐和生活方式配套设施,名胜世界会议中心也将迎来设施翻新和升级。此外,预计2028年完工的裕廊湖区综合旅游发展项目,将成为涵盖高品质住宿、旅游景观、购物中心及餐饮娱乐的**大型商业综合体**。

2022年,酒店业第一季收益同比增幅达344%。为把握国际旅游重启商机,许多酒店进行了**品牌重塑**,如原新加坡希尔顿酒店更新为新加坡乌节沃科酒店,同时,原文华酒店更新为希尔顿亚太旗舰酒店,**并新增会议设施**,有助于进一步促进会奖旅游的发展。

(资料来源:青岛航空)

2012年9月12日中国会奖旅游城市联盟在北京成立,由北京、上海、天津、成都、杭州、昆明、三亚、西安8城市共同发起成立,目前已有20余个会员城市。中国会奖旅游城市联盟的成立是促进中国会奖旅游产业发展的一项核心战略举措,以"构建会奖旅游城市高端品牌市场一体化"为目标,本着"加强联合、资源共享、优势互补、互利共赢"的合作原则,8个城市将通过跨地域合作的方式,优化高端旅游资源配置,强强联手,着力把中国建设成为世界一流的会奖旅游目的地。

2021年第十届中国商务会奖旅游金椅子奖包含年度最佳酒店、目的地、会奖公司和航空公司四大类,其中2021年度最受期待国际会奖目的地有4个:澳大利亚、迪拜、新加坡和韩国,2021年度最受欢迎国内会奖目的地的有5个:三亚、西双版纳、上海、杭州和广州。

【资料链接】

北京打造国际"会都"，继续探路会奖旅游细分市场
——北京市文旅局副局长曹鹏程

（2021-09）

北京市文旅局副局长曹鹏程表示，目前北京大兴国际机场已竣工验收，将于今年9月30日投入正式运营，为打造北京成为"会都"，在大兴国际机场周边、城市副中心等区域还将陆续有一批新建会奖设施投入使用，包括环球主题公园及周边商务配套项目建设在稳步推进，未来3~5年北京的会奖旅游承载力将大幅提升。

除了硬件设施，北京文旅局仍继续提升北京会奖旅游的国际影响力，加深与大型国际会议合作，创新办好北京国际商务及会奖旅游展览会、中国会议产业大会等系列活动。北京市相关部门还将简化审批流程，提高审批效率，改善会奖旅游企业的营商环境，完善配套政策，提升北京会奖旅游的吸引力，并加大创新投入，提升人才支撑力。

进一步指出，未来10年将是会奖旅游业转型升级的重要时期，北京将整合资源，重点培育细分会奖市场的思路，促进"会奖+中医养生""会奖+特色节庆""会奖+冬奥""会奖+文化演出"等整合发展，研发具有不同形式、针对不同群体的产品。

数据统计，去年北京接待国际会议94个，同比增长13.8%。随着越来越多的国际会议落地北京，参会人士在北京停留的时间有所延长，去年在京举办的国际会议中，时间在3~5天的占会议总数的近八成。现阶段，普通入境游客在北京的人均消费不到2 100美元，会奖旅游游客在京的人均消费约为6 000美元。而北京国际会议行业分布广泛，主要以卫生和社会工作类会议、科学研究和技术服务业类会议、信息传输软件和信息技术服务业类会议为主。从会期来看，在北京举办的国际会议多集中在3天、4天、5天，分别有30场、25场和17场，总共占据北京国际会议总数的76.6%；从举办的场地方面来看，有将近36%的会议选择在会议会展中心举行，有22%的会议在会议酒店举行。

北京有丰厚的历史文化底蕴、优越的自然旅游资源，以及完善的交通、餐饮、酒店等基础设施，北京会都以旅游市场导向、城市商务导向、特色资源支撑为动力，既服务保障中非合作论坛北京峰会、"一带一路"国际合作高峰论坛等主场外交活动，也为中国国际服务贸易交易会等大型的国际展览会议、入境研学旅行团组、专业考察团组等提供完善的服务支撑。

目前，北京共有五星级酒店61家，四星级酒店114家，星级酒店客房数9.8万间；北京雁栖湖是国际高端会议举办地的最佳地点之一；会议服务新技术新模式得到进一步开发和应用；首都国际机场成为全国首个年旅客吞吐量过亿人次的机场；而北京大兴国际机场已竣工验收，将于月底启用，都有助于北京提升会奖接待力。

（资料来源：搜狐网）

4.3.2 奖励旅游目的地的构成要素

Juergens(1991)认为企业对奖励旅游地点选择的因素如下所述。

①旅游地点的公共设施及服务质量,如机场、道路状况及交通运输设施、环境卫生、旅馆设备及服务水平高低等。

②旅游地点的口碑及外在形象是否良好。

③旅游地点的天气稳定状况。

④旅游当地物价水平的高低状况。

⑤可安排参观的景点及休闲游憩活动等。

⑥交通运输的便利性,包括航班的多少及距离的远近等。

⑦视天数及预算的多少,考虑举办国内旅游或国外旅游。

从基本条件而言,旅游吸引物、旅游服务、旅游设施以及旅游可进入性构成了奖励旅游目的地的4个基本要素。

(1)旅游吸引物

旅游吸引物是奖励旅游目的地存在和发展的基础,是促成奖励旅游者外出旅游的首要原因。奖励旅游目的地如果有足够的吸引物,就容易推销给旅游者。通过对年轻白领的市场调研得知,他们喜爱和期待的国内奖励旅游目的地比较集中的地方是西藏、香港、九寨沟、丽江和张家界等地区。奖励旅游在众多的旅游产品中效益高、前景好,已成为国际旅游市场的热点项目。奖励旅行行程活动安排要求特殊,需根据企业意图量身定做,其所有项目不仅仅是安排特殊旅游路线、旅游活动就能满足的。此外,一般还应包含企业会议、培训、颁奖典礼、主题晚会等。

(2)旅游服务

任何一种产品,其成功除了有过硬的技术、领先的科技等因素,决定其最终成败的因素还是服务。服务包括服务理念、服务态度、服务内容、服务项目、服务价格、服务技术等。而要成为奖励旅游目的地,重点是这些服务是否达到了国际旅游的通行标准。作为奖励旅游目的地,旅游者大多为商务人士提供的旅游服务不仅是代买机票、预订酒店,更重要的是为商务游客提供全套旅游管理项目的解决方案,包括各种咨询服务、最大限度地降低旅行成本、提供最便捷合理的旅行方案和打理一切旅行接待服务等。

(3)旅游设施

设施要求较高,特别是对会议设施、宴会设施的要求特别明显,以方便奖励旅游团队举办会议、培训、典礼及宴会。设施包括专有设施和支持设施两种。专有设施通常与旅游活动密切相关,是直接为奖励旅游者提供必要服务和相联系的物质条件,如在食住行游购娱等方面对奖励旅游者的直接供给;支持设施是构成旅游目的地的重要组成部分,包括公共设施。

(4)旅游可进入性

旅游可进入性除包括基础的交通条件、通信条件,还应包括当地居民的可接受性、环境的可承载量和当地的社会秩序等。

美国奖励旅游策划者选择目的地的重要考虑因素见表4.1。

表 4.1 美国奖励旅游策划者选择目的地的重要考虑因素

非常重要的考虑因素	占策划者百分比/%
娱乐设施(如高尔夫、游泳池、网球场等)	72
气候	67
观光游览文化和其他娱乐消遣景点	62
位置的魅力和大众形象	60
适合举行会议的饭店或其他设施	49
交通费用	47
往返目的地交通难易程度	44
奖励旅游者到目的地的距离	22
因考虑多种因素,总数大于100%	

4.3.3 奖励旅游目的地的营销策略

1)有效提升奖励旅游目的地的形象

积极运用新媒体力量,针对存在奖励旅游计划的企业进行有效宣传。首先为提升形象,奖励旅游目的地应根据自身条件完善相应的风景区及配套设施建设;其次借助新媒体力量(例如奖励旅游目的地官方网站等),积极宣传景区最新动态,为游客及企业提供有价值的旅游信息,吸引游客及企业的注意,从而提升知名度及目的地到访量。

2)加强对目标市场选择问题的研究

有效的 STP 营销策略(市场细分、目标市场、市场定位)可以帮助旅游目的地从旅游业大环境中划分出其专属的市场及消费群,有效地区分出奖励旅游目的地与普通景区的差别,同时针对奖励旅游的定位制订出完善的服务机制,改善顾客旅游体验。

3)完善景区资源配备,与当地政府建立良好的合作机制

吸引政府、企业到奖励旅游目的地开展各类展会活动,建立良好的活动氛围,增加景区知名度及宣传点。

4)针对商务型奖励旅游活动,应建立有效的顾客关系管理数据库

对于定期举行商务活动的企业,更应及时准确地掌握企业活动的有效信息(如人数规模、消费规模、旅游喜好及企业文化等)。在潜在顾客有需要时,能做到及时有效的反应,提高服务质量,满足客户需求,建立良好的口碑与长期合作关系。

5）增加行业参与度

积极运用旅游目的地的硬件设施，如会议室、展厅及多媒体，通过完备的硬件设施吸引各类会展、奖励旅游、人才招聘会等，搭建目的地与企事业单位间深度交流的平台，提升硬件设施的利用率并在奖励旅游领域扩大影响力与公信力。

【资料链接】

2021年会奖旅游目的地经典活动案例回顾

自新冠肺炎疫情爆发以来，旅游产业受到了前所未有的冲击，大多数会奖旅游活动都可谓举步维艰。由于局部疫情的反复，防控已经成为常态化。

疫情新常态下的会奖旅游方向

疫情新常态是对会奖旅游行业的一次大考，即使没有疫情，各种考验和竞争的白热化，也必将重新定义未来的会奖旅游发展模式。随着消费模式的升级，中国旅游消费者个性化、高品质需求觉醒等多方面因素叠加，从某种程度上讲，这也是一次历史机遇。

面对疫情带来的挑战和机遇，东方会奖在2021年5月进行了品牌战略升级，重点开发云南、海南、青海等目的地的一手资源，围绕"文旅+"领域进行布局，打造品牌核心创新能力，增强自身策划运营的实力。

品质服务是源头，活动创新是核心

会奖旅游高品质的服务是行业的源头，活动策划的关键是创新能力。以及对旅游活动及商业模式的创新和运营。东方会奖深入各地区人文旅游资源挖掘提炼出文化基因和旅游服务，满足客户品牌在文化旅游消费中产生的心理需求，并渗透到活动旅程中，不断提高人们会奖旅游活动的体验和质量。

东方会奖经典案例回顾

升级后的东方会奖，通过创新型的整合渠道活动新模式，为各品牌打造出一场场特别"体验"的会奖旅游活动。

云南千人会奖旅游

"芳华时代"五千人会奖旅游在云南举行，活动内容包括周年庆典、创意集体航拍、公益行动、品牌专属特色体验等，东方会奖团队为此活动提供全案服务。

青海千人旅游研讨会

东方会奖为品牌打造千人青海会奖旅游，千人研讨会、欢迎晚宴、当地特色专属旅游体验，为品牌注入新活力。

东莞国际设计周

东方会奖协助东莞国际设计周策划充满设计感的欢迎晚宴，突破想象的展陈空间，高端大气的设计周创造者之夜，行业精英汇聚分享，共筑设计风潮。

桂林 Club Med 青春度假

东方会奖为三七互娱策划了一趟在桂林的法式青春度假之旅。在 Club Med 体验荧光派对,专业 G.O 陪伴畅玩。竹筏泛舟遇龙河、挎斗车漫游阳朔,解锁最新潮的小众玩法。

骆驼时装发布会

东方会奖与骆驼联手策划了一场户外的发布会 x 新品秀,把 IP 元素加入舞台设计,为品牌重塑经典,再造巅峰。

海南千人年会盛典

品牌周年年终盛典 & 新品发布会在海南举办,东方会奖独具匠心打造绿野仙踪梦幻年会。现场直播红毯进场+灯光秀酷炫开场,呈现视觉盛宴;会奖之旅创意航拍,为品牌造势。

丹寨 600 人春游

东方会奖为 37 手游策划了一场云上丹寨旅程让企业员工体验传统与潮流并存的非凡奖励之旅。草地音乐节、600 人吃特色长桌宴、非遗文化体验,让员工在旅程中,浸润文化,感受当今"创变"的力量。

芬尼克兹华南站研讨会

东方会奖协助芬尼克兹打造专属未来科技感现场,策划定制创意十足的签到仪式,渲染品牌仪式感;内场专属布置层次递进突出酷炫感,烘托品牌行业影响力,完美契合品牌主题。

武汉千人精英内训会

傲澜千人内训会聚能新征程,东方会奖通过定制伴手礼、专属签到欢迎、VIP 房间布置、观傲澜工厂等活动,为品牌实现快速升级、为与会者提升对品牌价值的认同,近距离触碰品牌内核与精神。

海南千人周年盛典

东方会奖承办中全控股集团(海南)企业高峰论坛在海南国际会议展览中心盛大开幕。酒店签到欢迎、定制伴手礼、专属挂牌、VIP 房间布置,打造红色文化主题的场景舞台,为品牌聚能。

东方会奖——会奖旅游活动专家

东方会奖(广州)营销服务有限公司简称东方会奖,为互联网、新零售、保险、金融、直销、游戏等机构客户提供"一站式"整合营销服务。业务涵盖:团队奖励旅游,目的地会务服务,会议展览服务,全球定制旅行,拓展团建活动,商务考察服务,专业旅行拍摄服务。为企业品牌实现真正的全案整合营销。

2021 年,国内旅游经历上半年的复苏,尤其五一小长假的旅游潮爆发;下半年的反复,国庆后多点突发疫情导致跨省游举步维艰。在 2021 年即将过去的阶段,疫情可能会伴随春暖花开而再度平稳,届时旅游市场可能还会迎来新的发展。如何在防控常态化的挤压之下寻求新的求生之法,减少疫情对会奖活动的冲击,也是东方会奖在 2022 年继续思考的内容。

2022 年,东方会奖将持续深耕国内市场,带来更多创意体验,保质保量地服务更多客户。同时,东方会奖也将密切关注全球市场动态,确保能够灵活快速地应对国际环境带来的变化与机遇。

(资料来源:热点资讯网.2021 年会奖旅游目的地经典活动案例回顾.[EB/OL].(2021-12-29)[2022-08-22].)

4.4 会议中心和会奖型酒店

根据公司的需要,奖励旅游活动中常常会安排会议,根据对会议设施设备和会议服务的要求,会议往往安排在会议中心和会奖型酒店举行。

4.4.1 会议中心

会议中心的功能,首先不是吸引会议、展览、新品发布、典礼演艺等活动。现不妨引用温哥华会议中心(Vancouver Convention Center)网站首页上的一句话——驱动温哥华市的发展和进步,这才是一个城市的会议中心的首要功能。

会议中心最重要的功能就是相当于一座桥梁,一座连接本市和外地、本市和境外的桥梁,人们在此交流信息、联谊沟通。

会议中心、会展中心不仅是当地的地标性建筑,还是一个城市的形象,如国内的上海国际会议中心因为 1999 年 9 月接待"财富"全球论坛而为世界所瞩目,其他所熟知的会展中心,如中国香港会展中心、澳大利亚墨尔本会展中心、加拿大温哥华会议中心、阿联酋阿布扎比国家展览中心等。这些知名的会展中心向世人传达着城市的活力、风采、魅力甚至是城市的个性,令人向往。所以,从这个意义上说,一个城市的会展中心不应止步于地标性建筑这个目标,而必须成为一个城市的代言人,阐释这个城市的发展目标和积极开放的心态,代表着城市的商贸发达水平、对外交流的高度和旅游文化的吸引力。简言之,会展中心是一个城市的符号。

会议中心和在此举办的一系列有影响力的大型活动和固定举办的高水平论坛、峰会,成了名副其实的门户(gateway),一个体现该市的经济水平、人文特征、旅游文化资源的门户,展示的是该城市的发展前景。来自外地和境外各行各业的机构和个人通过这个门户得以了解这个城市、喜欢这个城市,继而愿意在这个城市消费、投资,主动向他人推介、宣传这个城市。会议中心就是一个城市的眼睛,本地居民通过这双眼睛了解外面的世界,外地人、外国人也经由这双眼睛更好地了解这个城市。

4.4.2 会奖型酒店

会奖型酒店是接待会议最主要的场地,会奖型酒店主要是指那些能够独立举办会议的酒店,某些业界人士甚至认为接待会议的直接收入至少应占到会奖型酒店主营收入一半以上的份额。在我国国际会议 30 余年的发展历史中,会奖型酒店起着重要作用。随着我国经济的迅速发展,会奖型酒店作为一种专门的酒店类型也迅速发展起来。会议旅游在整个旅游市场中占的比例也越来越大。

会奖型酒店的特点如下:

一是销售形式不同于传统的酒店,它是综合性销售,不但有客房、餐饮,还有会展的设施、会议的设备,是会议相关的一些销售。

二是服务的对象不同。除了服务中面对每一位参会个体之外,还要面对会议的组织者,和组织者的沟通是非常重要的环节。

三是服务部门的设置不同。在实际中要针对专业性较强的会议实施不同的服务模式,包括配置相应的会议设备设施,以保证为会议提供圆满的服务。

四是酒店会议功能间的配备。多功能间要尽量准备得充足一些。人们经常发现一些客人不喜欢在宴会厅开会,特别是外宾。酒店应具有专业的功能间,以满足客人的特别需求。再就是宴会的配置,包括餐饮的独特性等,这是会议酒店应该具备的特点,和其他酒店应有所区别。

【资料链接】

年度会议度假+会奖旅游酒店,打造会议与度假新模式!

最佳会议度假酒店　Best Conference Resort Hotel
广州长隆酒店　Chimelong Hotel Guangzhou
惠东富力希尔顿逸林度假酒店　DoubleTree by Hilton Huidong Resort
西安华海酒店　Wuahi Grand Hotel
重庆美利亚酒店　Melia Chongqing
常州中吴宾馆　ZHONGWU HOTEL, Changzhou
杭州艺尚雷迪森广场酒店　Landison Plaza E-Fashion Hotel Hangzhou
武汉汉南绿地铂瑞酒店　Primus Hotel Wuhan Hannan
莫干山云谷德信开元名庭酒店　Moganshan Yungu DoThink Maison New Century Hotel
张家界禾田居度假酒店　Harmona Resort & Spa Zhangjiajie
盐城大丰半岛温泉酒店　Peninsula Spring International Hotel

广州长隆酒店　Chimelong Hotel Guangzhou

长隆集团倾力打造的生态主题酒店,地处中国5A级精品景区——长隆旅游度假区的中心地段,总建筑面积达36万平方米。酒店毗邻长隆野生动物世界、长隆欢乐世界、长隆水上乐园和长隆国际大马戏等主题乐园,给您适合全家人的丰富旅游度假体验。

拥有1 500间生态主题客房及套间,面积达6 000平方米,可容纳3 000人的国际会展中心,集商务与休闲于一身。

惠东富力希尔顿逸林度假酒店　DoubleTree by Hilton Huidong Resort

酒店坐落于风景宜人的海滨惠东富力湾,拥有290间客房及套房,1 740平方米的灵活会议空间包括1个大宴会厅、3个多功能厅、1个董事会议室和1个贵宾室。

海湾的美丽夕阳和草坪(共计1 600平方米)是举办婚礼、宴会或私人派对等活动的理想场所。傍晚时分,这里迷人的粉红色落日将会给您带来难以忘怀的体验。

西安华海酒店　Wuahi Grand Hotel

西安华海酒店按超五星级标准设计装修,根据公司发展规划,酒店将成为西北地区最具汉唐文化特色的地标性酒店建筑群。

酒店主要建筑包括366间豪华客房及套房、大型会议中心、餐饮楼、西餐厅、特色烤羊餐厅、河畔烧烤、户外温泉、人工湖等相关配套设施。园中处处可见各种名贵树种植被,姿态优美,令人惊艳。漫步于此,赏心悦目。

重庆美利亚酒店　Melia Chongqing

酒店坐落于铁山坪风景区,环湖而栖的近郊清幽度假酒店,距重庆市中心仅30分钟车程。

房间均配置景观阳台,举目可尽览铁山坪秀美景色,在灵动山水中置身静谧、远离纷扰。酒店提供一系列康乐设施,包含怡水疗、室内外泳池、儿童活动中心、娱乐室及24小时健身中心。甄选地道川菜、粤菜及西班牙风味料理,乐享户外湖畔烧烤。

常州中吴宾馆　ZHONGWU HOTEL, Changzhou

中吴宾馆位于常州市皇粮浜湿地公园北侧,毗邻京杭大运河。宾馆共计393间客房。拥有2个面积近2 000平方米的超大宴会厅,可同时接待2 000人左右的宴会,另有25个总面积达3 000平米的会议室,功能齐全,能接待各类大型会议和宴会。

宾馆还拥有16个中餐厅包厢及1个零点大厅,另设有主题日餐厅、全日制西餐厅、与院线同步的3D电影院、国际标准泳池、网球场,以及健身娱乐、文化艺术馆、商场和儿童乐园等,可谓荟萃江南艺术、珍馐美馔和高品质商务休闲于一堂,为宾朋带来高品质的愉悦享受。

杭州艺尚雷迪森广场酒店　Landison Plaza E-Fashion Hotel Hangzhou

酒店拥有六幢裙楼——四合院传统式建筑群,独特的六幢庭院式结构造就了303间豪华客房,房间装饰简约轻奢。紫金宴会厅时尚典雅,净层高7.5米、面积1 100平方米,时尚轻奢建筑配上华丽璀璨的方管水晶球,是婚礼以及高端社交活动的绝佳之所,同时另设有多个风格各异的多功能厅适宜各种不同需求。

杭州艺尚雷迪森广场酒店位于临平新城核心——艺尚小镇内,独享艺尚小镇四时之景天然优势,是会议、度假的绝佳之选。

武汉汉南绿地铂瑞酒店　Primus Hotel Wuhan Hannan

酒店设有300余间欧式风格豪华客房、行政客房及总统套房。处处洋溢着典雅的贵族气息,与美轮美奂的小镇风情相得益彰。您还可畅游于室内恒温泳池或到室外按摩池边欣赏美景边享受全身心的放松。此外酒店配备匠心独具的餐饮、休闲与会议设施。

武汉汉南绿地铂瑞酒店优踞绿地城欧洲风情小镇中心——东荆街太白路,酒店优越的地理位置、顺畅的交通环境,为您的出行带来便利之享。

莫干山云谷德信开元名庭酒店　Moganshan Yungu DoThink Maison New Century Hotel

酒店坐落于避暑胜地莫干山景区旁,以山水田园画风融合德清当地文人气质,呈现清丽雅致、别致内蕴的独特风格。拥有144间豪华客房和19间套房,以及超1 500平方米的会议空间,其中包括一间600平方米无柱式宴会厅及10个大小不一的会议室,是一家集住宿、餐饮、宴会、游乐于一体的会议度假型酒店。

酒店作为三莫线上的首家高星级度假酒店,必将引领莫干山度假旅游的新风尚,新标杆。

张家界禾田居度假酒店　Harmona Resort & Spa Zhangjiajie

张家界禾田居度假酒店按国家五星级度假酒店标准投资兴建的一家豪华别墅式生态度假酒店。酒店一期客房总数246间,整体设计以中国传统文化的精髓——"五行"金、木、水、火、土为设计的起始和主源点。

酒店拥有雍容气派的园林式空中餐厅、9间约100平方米的别具湘西民族风情的超大型餐饮包房及优雅精致的亲水庭院西餐厅。酒店会议设施齐备,大小会议室及宴会场地共约1 000余平方米,具备接待5A级贵宾的VIP接待室,配备30平方米高清晰LED显示屏及高科技通信设备,可同时容纳500人举行会议。

盐城大丰半岛温泉酒店 Peninsula Spring International Hotel

盐城半岛温泉酒店是盐城市大丰区首座集商务会议、休闲度假、温泉养生为一体的综合型花园式五星级酒店。位于世界湿地自然遗产——中国黄(渤)海候鸟栖息地核心地带。拥有豪华客房420间,房间配备五星级饭店的完备设施和各式高品质的日常用品。酒店餐饮种类丰富。

酒店特色温泉泉水取自地下基岩深处1 580米,出水表层温度可达52 ℃,泉水中富含锂、锶、溴、氟、镭等多种对身体有益的微量元素。俱乐部内还设有豪华KTV会所、室内标准游泳池、媞香庭SPA、足浴、保健按摩、桑拿房、汗蒸房、石板浴、冲浪浴、VIP休息包房等休闲娱乐项目。

CBHA

最佳会奖旅游酒店 Best Meeting Award Tourist Hotel

Club Med Joyview 安吉度假村 Club Med Joyview Anji

东莞唐拉雅秀酒店 Tangla Hotel Dongguan

延安万达嘉华酒店 Wanda Realm Yan'an

苏州温德姆花园酒店 Wyndham Garden Suzhou

Club Med Joyview 安吉度假村 Club Med Joyview Anji

Club Med Joyview安吉度假村位于浙江省湖州市安吉县,毗邻上海杭州,是周边游出行的尚佳选择。于毗邻花园与湖泊的37公顷自然之地感受青山绿水;于度假村自带的茶园与茶室中细品安吉白茶的别致风味。

于水上运动、马术骑行、网球等动静皆宜的活动中焕发活力;于隐秘于自然山川的静池区域体验高端纯正的泰国SPA;于杭帮当地当季佳肴中开启奇幻多元的味蕾之旅。

东莞唐拉雅秀酒店 Tangla Hotel Dongguan

酒店位于东莞市东城区虎英路,位居东城核心商业圈及恬静翠绿的虎英公园之中。酒店拥有268间高贵典雅客房,360°室外泳池,巴比巴西餐厅,日本餐厅,满庭芳中餐厅,渔歌子、浣溪沙等分贵宾房及大厅两部分,大厅内可设宴15席,以地道广府粤菜为主。独具西式特色的园林阁餐厅,远可眺望湖光山色,近可饱览大堂全景。

酒店独特典雅的建筑风格,一流的酒店设施实现了所有商旅人士及家庭亲子休闲度假人士的梦想——舒适惬意,高效快捷。

延安万达嘉华酒店 Wanda Realm Yan'an

酒店位于延安高新区延安万达城内,紧邻延湖,与延安红街隔岸相望。酒店拥有178间别具陕北风貌的湖景客房与套房,总面积达6 000平方米的"红色讲堂",为延安市别具特色的会议中心,内含有面积为2 100平方米层高15米的无柱式大宴会厅和多个可灵活分隔的多功能会议厅,并配备有完善的试听设备;更有超过1 800平方米的户外草坪广场,可满足您的各类宴会需求。

酒店内的餐饮设施"北岸"全日餐厅,引领您踏上精彩纷呈的美食之旅。

苏州温德姆花园酒店 Wyndham Garden Suzhou

酒店拥有两百余间舒适豪华客房及行政套房、10间豪华宴会厅、多间中西餐厅、大堂酒廊、行政酒廊、图书馆、康乐中心及室外泳池。

酒店设计揉合中国传统风格及苏州文化特色,以高星级的服务和高品质的配套设施,令每位宾客都感宾至如归。

(资料来源:搜狐网.年度会议度假+会奖旅游酒店,打造会议与度假新模式! [EB/OL].(2022-02-22)[2022-08-22].)

4.5 服务类供应商

4.5.1 奖励旅游行业协会

1)国际性的奖励旅游行业协会

(1)奖励旅游管理协会

奖励旅游管理协会(The Society of Incentive and Travel Executives)是全世界唯一致力于用旅游作为激励和改进工作表现的专业人士的世界性组织。奖励旅游管理协会成立于1973年,总部设在美国芝加哥,全球会员人数达2 100人。

奖励旅游管理协会认识到全球文化差异和使用旅游激励战略的重要性,为其成员提供网络和教育的机会。

(2)奖励旅游协会成员享有的权利

①获得分布在全世界80多个国家的2 000多个奖励旅游管理协会成员的联系方式,这些成员代表着奖励旅游业的每一个领域。

②获得区域内"奖励旅游大学"的折扣学费,"奖励旅游大学"课程涉及奖励旅游中如何去做的广泛内容。

③获得出席奖励旅游管理协会每年国际会议的优惠会费,这些国际会议的重点集中在影响未来奖励旅游的发展趋势上。

④能收到大量的奖励旅游管理协会出版物,这些出版物包括《资源年鉴》(the Annual Resource Manual)、在奖励旅游市场战术和趋势领域的研究简编——《奖励旅游介绍》(Incentive Travel Factbook)等。

2)国内奖励旅游行业协会

(1)杭州市会议与奖励旅游业协会

杭州市会议与奖励旅游业协会(Hangzhou M.I.C.E Association)成立于2011年6月,是由在杭符合会议奖励旅游市场需求的酒店、会议场所、旅行社、专业会奖企业、航空公司、车船公司、重点景区、餐饮企业及部分与会奖旅游相关的企事业机构、社会团体自愿组织的行业性社会组织,具有独立的法人资格。业务主管单位为杭州市旅游委员会,秘书处设在杭州市旅游形象推广中心会奖旅游部。

(2)协会业务范围

①积极支持会员单位从事会议奖励旅游资源和产品策划、开发和主题包装等活动。

②加强会奖旅游信息交流,开展有关会议奖励旅游产品的信息收集,分析评价,做到信息共享。

③联合进行会奖旅游的市场推广,组织会员参加各类推广活动,配合旅游主管部门做好会议奖励旅游市场的营销工作。

④策划、组织实施会奖旅游的主题活动。

⑤开展对外公关交流活动,加强与其他具有会奖旅游需求和资源的企业和团体机构的联系。

⑥研究制订会议奖励旅游服务标准及规范,推进会议奖励旅游服务的规范化,在协会会员中开展行业专项评比,促进服务品质提升。

⑦发展会奖旅游专业人才,开展会议奖励旅游的业务培训。

⑧协助进行大型会奖旅游项目的协调工作。

⑨承办有关部门委托的其他工作。

4.5.2 其他服务类供应商

奖励旅游活动的展开,除了依赖目的地、场所、住宿、交通运输供应商,还需要一系列其他服务类供应商。本书综合概括起来有以下几大类型。

一是为奖励旅游活动提供各种设计与制作服务的供应商。如印刷公司、设计师、会徽制作商、礼品及纪念品供应商、标志制作商等。

二是为奖励旅游活动提供生活、娱乐、旅游需要的供应商。如餐饮供应商、娱乐公司、家具出租公司等。

三是为奖励旅游活动提供音响、声、光等多媒体需要的供应商。如视听设备供应商、灯光效果专家、摄影师、互联网接入服务商等。

四是为奖励旅游活动提供保险、安全、物资供应需要的供应商。如保险服务公司、安保公司、货物发运商、烟火供应商、鲜花供应商等。

五是为奖励旅游活动提供销售与人员需要的供应商。如招聘公司及临时人员供应公司、口译和笔译人员、培训专家等。

六是为奖励旅游活动提供咨询与研究需要的供应商。如公共关系咨询公司、奖励旅游研究机构等。

七是为奖励旅游活动提供宣传、广告需要的供应商。如广告设计公司、宣传展览公司等。

【资料链接】

阿布扎比会议展览局与国际奖励旅游高级经理人协会 携手促进当地奖励旅游业发展

阿布扎比,2022年6月8日:近日,隶属于阿布扎比文化与旅游部(DCT Abu Dhabi)的阿布扎比会议展览局与国际奖励旅游高级经理人协会(SITE)达成战略伙伴关系,旨在帮助其员工与主要利益相关方获取专业认证,并从SITE开展的包含全球奖励旅游行业最佳实践的教育项目中受益。

得益于此次达成的战略合作关系,阿布扎比文化与旅游部的主要利益相关方将有机会参与由SITE举办的全年专场奖励旅游活动和会议,在交流业务的同时提升阿布扎比作为旅游目的地的知名度。

作为唯一专注于奖励旅游的国际协会组织,SITE 让世界各地顶尖的奖励旅游专业人士能够齐聚一堂,相互沟通交流,共同学习新业务,并探讨如何利用新战略推动行业发展。

双方将基于新达成的战略合作关系,共同展示阿布扎比是企业团体理想的奖励旅游和举办活动的目的地。阿布扎比是一个包罗万象的目的地,无论是文化和娱乐,还是其令人惊叹的地标和自然景观,都将带给游客们独一无二的旅游体验——一切都近在咫尺、触手可及。

阿布扎比会议展览局局长 Mubarak Hamad Al Shamsi 表示:"我们非常高兴地宣布,我们与国际奖励旅游高级经理人协会建立了合作关系。这不仅有助于我们将阿布扎比打造成为首选的奖励旅游目的地,还将有助于双方精心筹备、策划和举办具有意义的活动,以促进 SITE 和阿布扎比奖励旅游市场的发展。我们期待着在未来的一年能够与 SITE 密切合作,为企业带来规模更大、更具影响力的奖励旅游活动和计划,同时也为我们的员工和主要利益相关方创造更多交流和提升技能的机会,让他们能够与同行开展交流、提升技能,以在未来向游客提供卓越的奖励旅游体验。"

Mubarak Hamad Al Shamsi 也参加了在都柏林举行的 2022 SITE 全球会议,此次会议汇聚了来自奖励旅游行业的主要从业者。在战略赞助商圆桌会议上,Mubarak Hamad Al Shamsi 与奖励旅游专业人士、SITE 战略合作伙伴、SITE 国际董事会及 SITE 基金会理事们展开讨论,就SITE 及其各自组织在本年度的战略重点交换了意见并确定协作事宜,以促进未来的成功合作。

(资料来源:搜狐网.阿布扎比会议展览局与国际奖励旅游高级经理人协会携手促进当地奖励旅游业发展.[EB/OL].(2022-06-08)[2022-08-22].)

4.6 奖励旅游展会

积极参加国际上大型专业奖励旅游展,这是推广奖励旅游产品的重要机会,而且还能达到扩大奖励旅游企业的影响力、提升其知名度的目的。现今国际上著名的专业奖励旅游展会包括:欧洲奖励旅游暨会议展览会、美国芝加哥会议奖励旅游展(IT&ME)、法兰克福国际会议及奖励旅游展(IMEX)、亚太区奖励及会议旅游展等。

4.6.1 国际知名奖励旅游展会

1)欧洲奖励旅游暨会议展览会

欧洲奖励旅游暨会议展览会(European Incentive & Business Travel & Meeting Exhibition,EIBTM),是由英国励展博览集团旅游总公司主办的欧洲地区规模较大、规格较高的商务会议和奖励旅游专业展会之一,是现今在国际上最有影响力的大型奖励旅游的专业交易展。第一届 EIBTM 于 1988 年在瑞士日内瓦举行,2000 年移至西班牙的巴塞罗那举行,每年一届,通常在 11、12 月举行。2004 年 11 月 30 日至 12 月 2 日在西班牙巴塞罗那的展览中心举行。展览共吸引多达 108 个国家及地区约 2 700 家厂家参展,比上届参展厂家数增长 57%。这些参展厂商包含了各国的会议及旅游局、航空公司、会议场所、邮轮/豪华火车、观光景点、休闲胜地、酒店/酒店集团、会议筹组公司、奖励旅游公司、景点管理公司、观光机构、地面交通、贸易组织、科技供货商等与旅游业及会议产业相关的单位。它们无不倾注全力在这项重量级的专业展中一较长短,争取商机。

2）芝加哥会议奖励旅游展

芝加哥会议奖励旅游展（Incentive Travel & Meeting Executives Show）创办于 1929 年，是世界重要的会奖展之一，也是北美地区专业水平最高、规模最大的会奖专业展。参展商主要为会奖旅游目的地、会奖旅游销售商等，买家主要为各类机构负责会议及奖励旅游的市场、人力资源管理人员等。

3）法兰克福国际会议及奖励旅游展

法兰克福国际会议及奖励旅游展（The Worldwide Exhibition for incentive travel，meetings and events，IMEX）为现今世界上顶级的三大国际性会议及奖励旅游展览之一，旨在为全球旅游业界提供专业的 MICE 资讯以及促进从业者交流，推动世界会议及奖励旅游不断发展。

IMEX 展是一次国际旅游、会议、展览服务行业的聚会（也称"展中展"），由法兰克福展览公司主办，每年一届，在法兰克福国际展览中心 8 号馆举行。IMEX 展表明，每次展览超过展商的期望，激发了该行业全球会议的新思路、新眼光。每年都有越来越多的会议和活动策划和营销专业人士来 IMEX 世界的会议、展览、奖励旅游的领导和活动营销。

每次 IMEX 展上都有几万同行业人士参加，来自 150 多个国家的刊物出版商，服务供应商，餐饮业，会议供应商，特别活动场地，技术提供商，软件，旅游办事处，国家旅游局，区域旅游办事处，市旅游局，行业协会，运输公司参展。

4）亚太区奖励及会议旅游展

亚太区奖励及会议旅游展（Asia-Pacific Incentives and Meetings Expo），是以亚太地区为会议和奖励旅游目的地的高规格国际旅游展，展期 2 天，并连续三年获得 Meetings and Events Australia（MEA）National Awards 颁发的富有声望的"年度展会奖"。该会展是发掘新创意、与行业各界沟通洽谈的最佳场所。2011 年，有来自 50 多个国家的近千家欧美、亚太等地的会奖旅游客源单位参展，其中邀请买家 467 家，2011 年有 3 500 家旅行商参展。

4.6.2 国内奖励旅游展会

中国（北京）国际商务及会奖旅游展览会（CIBTM）是致力于全球范围内的会议及奖励旅游行业的一次盛会。英国励展博览集团于 2005 年 7 月 25 日至 27 日在北京中国国际贸易中心举办了第一届中国（北京）国际商务及会奖旅游展览会（CBITM 2005），这是中国内地第一次举办如此大规模、高规格的商务旅游专业展览，具有高度的代表性和权威性，是中国所有有意参与商务旅游服务的企业与客户面对面接触、交流、沟通的良好机会。

中国（北京）国际商务及会奖旅游展览会，已成为中国和亚洲地区商务会奖旅游行业最权威、最领先、规模最大的国际盛事。2009 年，CIBTM 吸引了近 5 000 名参观者，其中包括来自 28 个国家的 280 位参展商、3 328 名专业观众以及来自 25 个国家的 280 个特邀买家。尽管全球经济环境充满挑战，亚洲和中国的会奖行业（也称 MICE）依然在迅速扩张，现在是参与中国会议行业发展的最佳时刻。目前，全球对会奖旅游行业的兴趣和热情达到了前所未有的高度，亚洲地区表现得更为明显，由于北京 2008 年奥运会的大力推动，政府和私营部门的投资使传统目的地重塑自身形象，提供新的体验和更高的价值。

【本章小结】

奖励旅游的产业链由上游、中游和下游相关机构构成,公司要根据需要选择策划与组织业务的奖励旅游中介,从而进一步选择奖励旅游目的地、酒店等。奖励旅游已经成为推介奖励旅游目的地形象的重要平台。

【思考与练习】

1.奖励旅游产业链的构成要素有哪些?

2.奖励旅游中介都有哪些?

3.奖励旅游其他服务类供应商都有哪些? 在奖励旅游中起什么作用?

4.选择你所熟悉的奖励旅游行业协会,调查其发展运行情况,并针对其存在的问题提出改进建议。

第5章
奖励旅游的策划

【本章要点】

策划的原则。
策划奖励旅游活动的前期准备工作。
奖励旅游策划标书的写作规范。
奖励旅游的执行流程。

5.1 策划概述

5.1.1 策划的概念

策划作为一门投入智力资源的"软科学",伴随经济的发展,越来越引起社会的关注。其是为实现某一活动的特定目标,根据已获得的信息,对事物发展方向进行判断,并设计、选择合理可行的活动方案的思维活动过程。"策划"一词,在古汉语中亦作"策画",最早出现在公元2世纪前后。东晋学者干宝在《晋纪总论》中引《晋纪》注云:"魏武帝为丞相,命高祖(司马懿)为文学掾,每与谋策画,多善。"南朝学者范晔(398—445)所撰《后汉书·隗嚣列传》中有句:"是以功名终申,策画复得。"

在各种汉语辞书中,"策划"一直被当作一个普通词汇加以解释。

【策划】:筹划;谋划。(《现代汉语词典》,商务印书馆1973年版,第99页)。

【策划】:出主意,定办法。(《新华词典》,商务印书馆1980年版,第84页)。

【策画】:筹谋,计划。(《辞源》,商务印书馆1997年合订本,第1277页)。

【策划】:划,亦作"画"。计划;打算。(《辞海》1999年版缩印本,上海辞书出版社,2000年,第2271页)。

英语中的 plan、planning、plot、scheme、engineer 等词,均含有"策划"这层含义,但都不能看作是与汉语中的"策划"完全对等的专门词汇。当前对策划一词的解释,可谓莫衷一是,众说纷纭,尚无定论。在此,编者搜集、选择以下几种对策划的界定较有代表性的观点,仅供大家参考。

①日本策划家和田创认为:策划是通过实践活动获取更佳效果的智慧,它是一种智慧创造行为。

②美国哈佛企业管理丛书认为:策划是一种程序,在本质上是一种运用脑力的理性行为。基本上所有的策划都是关乎未来的事物,也就是说策划是针对未来要发生的事情做当前的决策。换言之,策划是找出事物的因果关系,衡度未来可采取之途径,以为目前决策之依据。亦即策划是预先决定做什么,何时做,如何做,谁来做。策划如同一座桥,它连接着我们目前之地与未来我们要往之处。

③策划是一种对未来采取的行为做决定的准备过程。

④策划是一种构思或理性思维程序。

⑤陈放《策划学》认为:策划是指运用人的智能,对未来所做的事情进行预测、分析、使之有效完成。

⑥《组织与管理技术》一书认为:策划是在事前决定做何事。

⑦《公共管理》一书认为:策划在本质上是较佳决定手段,也是行动先决条件,它认为,策划包括确定某机关或事业的目的,以及达到目的的最佳手段,策划在其运作过程中能影响管理者的决策、预算等,简言之,策划即是管理。

⑧《管理原理——管理功能的分析》一书认为:策划是管理者从各种方案中选择目标政策、程序以及事业计划的机能。

⑨策划是人类通过思考而设定目标,为达到目标最单纯、最自然的思维过程。

⑩策划就是策略、谋划,是为达到一定目标,在调查、分析有关材料的基础上,遵循一定的程序,对未来某项工作或事件事先进行系统的、全面的构思、谋划,制订和选择合理可行的执行方案,并根据目标要求和环境变化对方案进行修改、调整的一种创造性的社会活动过程。

⑪深圳著名策划专家朱玉童认为:策划就是创造性地去解决有关经营管理、营销等问题,当然还可以延伸到一些非营利机构,如运动会、政府机构等。笔者认为从广义上来说,实际上所有的工作都会遇到策划的问题,它是一个动脑筋的过程,当遇到一个问题,用常规的方法不能解决时,就需要创造性思维,使这些看似不可解决的问题得以圆满解决。

⑫原"波司登"企业策划总监张鸿雁认为:策划是丰富的知识经验、广阔的信息、大胆的创造、科学的论证所凝聚成"灵感"拓展出的"鸿篇巨制"。

⑬重庆资深策划专家王树森认为:策划是"三分思维,七分科学"的系统理性活动过程。策划有3个基本属性,即目标性、创造性和可操作的科学性。

通过以上中外学者对策划概念的述说,可看出其对策划本质的理解是一致的,因此可大致将策划看作为实现某一活动的特定目标,根据已获得的信息,对事物发展方向进行判断,并设计、选择合理可行的活动方案的思维活动过程。

5.1.2　策划原则

1)效益原则

每个社会集团、阶级、阶层等组织追求的目标,以及人们行为活动的动力就是利益。马克思说过:"人们奋斗所争取的一切,都同他们的利益相关。"可见,利益是激励人们对改造客观世界而自觉活动的客观动因,人们的一切活动,包括所有的策划活动的实质就是谋求利益。策划人只有对利益普遍存在性策划的认识、明确利益类型的大致划分、明了对利益实现的过程研究,才能更深刻地认识到利益与策划的内在关系,从而自觉地在策划活动中坚持利益主导原则。

(1)利益的实现过程

利益的实现过程大致分为利益刺激与利益目标追求、利益谋求和利益竞争3个阶段,各个阶段在策划活动中有着各不相同的作用。

①利益刺激与利益目标追求阶段。利益可以刺激人、激发人,使人萌发欲望冲动,从而形成利益关心和利益认识,继而产生对一定利益目标的持续追求,并最终推动历史的发展。利益实现的第一个阶段和首要因素是利益刺激和利益目标追求,表现在策划方面就是通过刺激利益、激发策划的动议以及内在关系,从而自觉地在策划活动中坚持利益主导原则。

②利益谋求阶段。利益谋求活动是指人在一定物质欲望的驱使和一定利益的刺激下,并在某种认识的指导下,持续地追求和谋取利益的社会活动。简言之,利益谋求活动就是人们有意识、有目的地策划,以追求相关利益的社会活动。要进行谋利活动,就必须有一定的工具、手段和其他必要的谋利材料,策划就是其中重要的谋利手段之一。

③利益竞争阶段。刺激人们产生思想动机的因素便是利益,因此,人们为了追求利益而产生的竞争在所难免。这种利益竞争不仅是社会发展的动力,也是策划产生和发展的必备条件。

利益形式的多样性决定了利益竞争的复杂性,也就决定了策划活动的复杂性。同时,策划的迅速发展和不断提高,也加剧了人们为了利益而进行的竞争活动。

(2)策划谋利的要求

人们无论图什么样的利,都离不开策划,利益的实现过程也是策划构思和实施的过程。

策划首先谋求的是长远利益。利益又可分为眼前利益和长远利益,对前者的过分追求常常表现为急功近利、唯利是图,相应的"策划方法"通常为了眼前利益而想方设法、不择手段;对后者的追求则表现为不计或者干脆舍弃眼前利益,慎重筹谋长远计划和长远利益。虽然策划追求的利益很多,但不管怎样,战略利益和长远利益,相对于局部利益和眼前利益来说是至高无上的。

策划必须谋求最优化的利益。以利益的实现程度来说,策划有优劣之分,对这种利益优劣的评价标准即是利益取得的大小。所以,《孙子兵法》中在评价策划时指出:"上兵伐谋,其次伐交,再次伐兵,其下伐城。"而伐兵和伐城之所以是下策,就是因为这种做法往往会"杀敌三千,自损八百",需要付出很大的代价,更别说得到应有的利益了。而"伐谋"和"伐交"则可以达到"不战而屈人之兵"和"兵不顿而利可全"的施略用谋的最高境界,符合人们对利益的追求愿望。

2)客观原则

客观原则是指在策划运作过程中,策划者要通过各种努力,使自己的主观愿望和意志自觉能动地符合客观实际情况。策划运筹与心理较量的一条根本原则就是主观指导符合客观事物的规律性。众多的策划实践也证明了这一点——策划符合客观现实的要求就是胜利,否则必败无疑。从宏观方面来看,客观原则要求策划方案要顺应历史潮流,合乎民意,把握社会发展大趋势。从微观方面来看,客观原则要求策划方案要以策划主体的现实状况为基础,做到据实策划。

在贯彻策划的客观原则时,应注意以下几点:

①深入调查客观现实,也就是说策划活动要对策划主体的现实状况进行深入、客观、全面的调查,取得尽可能全面、准确的客观资料,将客观真实的资料及其正确的分析作为策划的依据,并且在这些客观依据的指导下构思和实施。

②在策划活动中始终努力寻找和把握策划的定位点,以提高策划的准确性和成功率。根据实际情况实施策划方案,策划中的科学性以客观性为前提,策划者和实施者要以足够的勇气来排除各种干扰、阻力和压力,以保证据实策划。据实策划主要体现在两个方面:第一,策划要以追求科学的态度和精神来排除各种虚假因素的影响,把握问题的实质;第二,策划者要以对公众、对事业、对社会负责的精神,排除各种阻力和干扰,把握现实,依据实际情况进行策划构思和策划方案的实施。

3)可行原则

策划的可行原则是指策划方案应该能够被实施并取得科学有效的结果。这一原则是策划活动各要素的综合要求。因为任何行动计划都必须是可行的和有效的,否则,任何计划都将是无意义的。

可行原则的具体表现和操作步骤如下所述。

（1）可行性分析

可行性分析是可行原则的最突出表现，并且实际贯穿于策划的全过程，也就是说在进行每一项策划时都要充分考虑策划方案的可行性。可行性分析主要从以下4个方面进行：

①利害性分析。利害性分析主要是对策划方案可能产生的利益、效果、危害情况和风险程度等方面利害得失的综合考虑和全面衡量。

②经济性分析。经济性分析也就是策划者考虑策划方案是否符合"以最低的代价取得最佳的效果"这一标准，以求用最少的经济投入实现最终的策划目标和最大的策划利益。

③科学性分析。科学性分析主要包含两方面的意思：

第一，考虑策划方案是否是在科学理论的指导下，在实际的调查研究和预测的基础上，严格按照策划程序而进行的创造性思维和科学想象后形成的。

第二，分析策划方案实施后，方案所涉及的各方面关系是否能够和谐统一，是否有利于高效率地实施策划方案。

④合法性分析。合法性分析即考虑策划方案是否符合法律法规的要求。主要体现在：

第一，策划方案要经过一定的合法程序和审批手续。

第二，策划方案的内容及实施结果要符合现行法律法规和政策的要求。

（2）可行性实验

可行性实验的目的是弄清策划的方向是否科学可行，它实际上是可行性分析的最高形式和最后手段。可行性实验一般以局部的试点方式进行，来检查策划方案的重心是否放在了最关键的现实问题上；还要检查策划方案的整体结构是否合理，实施结果是否有效等。

（3）运行性和有效性分析

策划的可行原则的根本要求是运行性和有效性。

①运行性分析。策划方案的运行性，一方面指策划方案本身是策划行为的结果；另一方面指策划方案必须具有方案实施的行为特点，符合方案实施行为的要求。

②有效性分析。策划方案的有效性是指策划方案实施过程中能合理有效地利用人力、物力、财力以及时间等资源；方案的实施效果能达到甚至超过方案设计的要求。有效性在策划实施过程中的体现是：以最小的消耗和代价争取最大的利益；能圆满地完成策划的既定目标，包括以局部的损失换取整体目标的实现；能争取到策划的战略主动权；冒最小的危险，即以最小的遭受失败的可能性，在经过努力后，有取得最后成功的把握。总之，一个切实有效的策划方案，必须具有可操作性，不具有可操作性的策划方案，无异于"痴人说梦式"的空想。"再造一个迪士尼乐园"的创意在可预见的将来可能会成为一个策划，因为这个策划符合可行原则的一般要求和按照这种要求进行科学操作实现目标的可能性；但"再造一个地球"，因为它的不可行性则只能称其为某些人的美好梦想罢了。

4）创新原则

创新是人类赖以生存和发展的重要手段，创新适用于人类一切的自觉活动。美国学者S.阿瑞提普说道："单单靠科学上的创造力是不能够解决人类一切领域里的不幸和苦恼的，甚至可能给世界上的生活增加潜在的危险。而在伦理学、政治学、社会学和宗教方面的创新能够回答人与人之间的信任与互相帮助而提出来的问题。"

人类正是在创新思维与实践中不断地使生存的环境得到优化,策划作为人们一切理性活动的前提,创新原则当然也就成了它的重要评价标准了。

创新原则在我国古代兵法中表现为"出奇制胜",《老子》中有"出奇用兵"之说;《孙子兵法》中也提出:"凡战者,以正合,以奇胜。""出奇制胜"发展到后来,成为人们常常引用的一句成语,"出奇制胜"的思想同样也受到策划者的青睐和推崇。"奇在不意",用奇旨在"攻其不备,出其不意"。这里的"意"主要在于策划措施最终达成的突然性,也便是策划的出发点和立足点的标新立异、不同凡响。反之,众人意料之中的计谋,也便不能称其为策划。

现代人更了解创新的重要作用,江泽民曾指出"创新是一个民族进步的灵魂,是一个国家兴旺发达的不竭动力"。创新原则,可以说是策划的核心、本质和灵魂,能否打破常规、标新立异、出奇制胜,将决定一个策划的好坏与成败。在策划的观念层面、操作层面和现实层面上,都需要去创新,都可以去创新。

"希望工程"之所以受到社会的广泛关注与支持,之所以能形成巨大的反响,与"希望工程"的组织者中国青少年发展基金会开拓创新、出奇制胜的策划是分不开的。可见,只有求新、出奇的策划才能掀起巨大的参与热潮,才能达到或者超过预想的宣传效果。策划的创新原则具体体现在策划的观念、主题和手段上的不同凡响,用一句有点唯心的话说,就是"不怕做不到,就怕想不到",策划工作首先是一项充分发挥个人创造性和积极性的思维活动过程。克隆的价值是有限的,策划贵在创新,只有创新才能保证策划的成功,才能保持组织的竞争优势。

5)周密原则

凡事都需要慎重筹谋,策划者制订策划方案时也要力求疏而不漏,周全稳妥。但任何事情都不可能十全十美,任何策划也不可能尽善尽美。不可否认,一方面,策划者自身的知识结构、胆识、思维方式等主观方面都各有所长;另一方面,纷繁复杂的客观情况也不以人们的意志为转移,因此策划者只能在万变之中求不变,在慎重之中求周全。在慎重之中求周全,即要求任何策划从一开始就要具有可修正性,以应对不断变化的客观现实。

另外,策划的周密性还要求在进行策划时,策划人要把握事物的主要矛盾和决定事物性质及发展趋势的关键点。因为这个关键点有时表现得很突出,有时却又微乎其微,这就要求人们去粗取精、去伪存真、分清主次、把握重心,切不可胡子眉毛一把抓,造成局部的失败,甚至导致全盘皆输的后果。

6)应变原则

所谓"应变",即随机应变。应变原则要求策划者在动态变化的复杂环境中,及时准确地把握事物发展变化的信息,预测事物可能的发展变化的方向、轨迹,并以此为依据来调整策划目标和修改策划方案。古人讲:"时移则势异,势异则情变,情变则法不同",策划也要依据此原则,根据变化的客观条件及时调整,不断完善策划方案。策划的应变原则的具体要求如下:

(1)增强随机应变观念

《孙子兵法》中有这样的精辟论断"兵以诈立,以利动,以分合为变者也""能因敌而变化取胜者,谓之神。"军事策划如此,其他策划也是,策划者要增强策划的动态意识和随机应变观念,认识到任何策划都是处于高度机动状态中的活动,从思想上树立起自觉的应变策划的观念。

（2）了解掌握标的对象的变化信息

策划的基础材料和客观依据是标的对象的信息，这个基础和依据变化了，策划也应随之变化，否则策划就失去了科学性、准确性和有效性。而标的对象的信息又受多种因素的影响，经常处于发展变化的动态状况之中，有时甚至发生飞跃性或突发性的变化。为此，必须不停地广泛了解、全面搜集和及时分析并加工处理这些新的信息，为策划提供真实、可靠、系统、实效的信息资料。

（3）掌握随机应变的主动性

科学预测标的对象的发展态势，掌握随机应变的主动性是应变原则的一项主要内容。按照标的对象的发展规律，推测和估计它的发展趋势及其结果，既是策划的前提，又是科学策划的主要内容。这样，就可以使策划运作始终处于以变应变的主动地位。

（4）正确把握随机应变的限度，掌握随机应变的方略

根据变化了的情况对策划方案进行修正，并不是随意而为的，而是有限度的。这种限度可以从以下几个方面来把握：根据信息的可信程度来决定是否对策划进行修正、调整；根据信息变化的范围和幅度来确定方案调整和修正的幅度；根据方案调整和修正后的效益度，充分估计将会产生的实际效果，看修改后的效益是否有所增加，特别是要尽量避免负效益的出现。

5.2 策划奖励旅游的前期准备

江丽君（1995）以专家深度访谈法，了解到台湾企业办理奖励旅游的程序如下：

（1）筹备工作

奖励旅游计划的时间应适中，搭配合宜的竞赛计划，以 3~6 个月为宜，并有专人负责。如果竞赛的期间太长，会失去鼓舞与激励的作用，尤其在人数众多时更应提早作业。

（2）编列预算

预算的提拔可视企业的规模、业绩的达成度由企业主来决定，预算确定后才能利于后续作业的进行。

（3）择时

办理奖励旅游的时间应避开旅游旺季，可减少成本。

（4）适当的旅游地点

应考虑大众化的目的地，并具备合乎需求的观光条件。

（5）安排行程内容

奖励旅游的行程内容安排需兼顾预算、时间、旅游天数及旅游目的等，除必要的食宿交通外，所有的参观活动、会议及主题宴会等都应事先规划安排，行程不能过于紧凑。行程内容安排会以半天或一天的会议或训练课程为开端，使接受奖励旅游的人员相聚一起，培养团队精神或参与学习训练，其次为旅游活动与主题晚宴（Theme Party），通常将主题晚宴安排于行程的最后一夜，为整个旅游活动之高潮，让参与者感到永生难忘。

（6）展开作业

企业在举办奖励旅游时应选择信誉优良之旅行社来安排旅游活动，并作事前的沟通与规划。奖励旅游有别于一般旅游团，因需安排会议及主题宴会等，所以需先与各单位及饭店沟通，并展开作业与联系工作。

（7）结束后的后置作业

办理奖励旅游对企业而言是一种"有目的的旅游"，其效果评估对企业而言非常重要，因此，必须视被奖励者的满意度来评估奖励旅游是否办得成功，此外，企业可累积经验作为下次奖励旅游计划的参考。

奖励旅游不同于一般的观光旅游和商务旅游的传统式行程，而是非常专业的旅游形态，它是由提供奖励旅游的旅行社（或专业公司）为企业量身定做并实施运作，所有活动和形式中将尽可能多地融入企业理念和管理目标，因此，并不是所有的旅行社都具备开发奖励旅游项目的能力，如何推出更具特色和更具吸引力的旅游线路与服务项目、如何使行程顺利进行等是成功与否的关键，例如机场作业、通关、行李分送、车次安排等，完全考验着旅行社的事前准备功夫与团队合作的默契，承办旅行社必须具有相当高的专业素质、临时应变能力和危机处理能力，不论是已开发奖励旅游的旅行社，还是有意开发者，建立下述 3 个信息库是必要的。

5.2.1 奖励旅游专业知识信息库

如能拥有一套完整的专业知识来进行奖励旅游的行程规划与设计，即跨出了成功的第一步，此奖励旅游专业知识信息库由以下两部分组成。

1）奖励旅游相关知识库

（1）了解奖励旅游的实质目的

深入领会企业热衷于奖励旅游的目的之所在，并在此基础上根据企业的奖励目标来计量明确的人数，并协助企业进行内部宣传及配额的选定，以更好地树立正确观念，提供更好的产品与服务。

（2）了解客户的企业特性与背景

了解企业特性与背景，是提供令企业满意产品与服务的基础。其主要内容包括：重视个人隐私或是希望受到团体注目、喜好团体热闹或是注重个人享受等，不同类型的客户则有不同的内容规划。

（3）了解行程的特殊要求

不同的企业会因其自身特殊情况，对奖励旅游的行程提出特殊要求，旅行社最忌讳提供千篇一律的产品，这就迫使旅行社注意企业的特殊要求以及注重本次组团的特殊之处，如人数众多团体、特殊的饮食要求、主题晚会或惊喜派对的安排等，均需事前与企业作充分沟通。

（4）了解企业的预算分配

根据企业所能承担的经费来进行财务分配并实现预算的有效合理运用是旅行社本次任务安排的财政基础。其基本原则为：一方面报价要令企业满意；另一方面旅行社可获得足够的经济收益。

2）建立案例数据库

旅行社案例数据库既包括本社从事奖励旅游的案例,也包括所能收集到的国内外其他旅行社的案例,尤其是在此领域的经典案例。而后对其进行分析、分类、存档,无论是成功经验,还是失败教训,都应加以充分研究,以增长经验值,从而促使本旅行社实力的提升,在竞争中立于不败之地。

5.2.2 相关企业数据库

奖励旅游必须事先针对委托企业进行评析,明确企业主办奖励旅游的目的与期待达成的目标,再依经费预算、企业运营性质来配合企业制订完整的行程规划。但事实上,在受委托前,旅行社就应该对企业做诸多工作。

有意开发奖励旅游市场的旅行社,应对企业的特性与市场背景有适当了解,收集关于企业的各类商业资讯,另外对企业已经进行的奖励旅游状况,包括次数、特殊要求、规模、合作方、满意度等都要有充分了解。注意并不是所有企业的奖励旅游都会给旅行社充足的准备时间。只有如此做足准备工作,才能使旅行社有的放矢,有针对性地开展工作,或开发新客户、或早作准备、或主动为企业提出年度或是阶段性的奖励旅游企划。

5.2.3 竞争对手数据库

建立主要竞争对手(其他从事奖励旅游业务的旅行社与专业公司)数据库,主要是组织人员对调查收集到的情报和历史资料进行分析,了解竞争对手近几年从事奖励旅游的状况、其客户群、优势所在、未来趋势等,以找出己方的优势和不利条件,扬长避短,根据自己特长,在日益激烈的市场竞争中做大奖励旅游业务。

5.3 奖励旅游的策划标书写作

奖励旅游的标书,或者称为奖励旅游的活动计划书,是旅游企业获得客户信任、赢得奖励旅游活动项目最关键的部分。下面主要介绍奖励旅游标书的构成。

5.3.1 前言:致客户的一封信

前言一般是公司或者集团首脑针对某一具体的奖励旅游活动撰写的致客户的一封信,其主要内容是表示对能够参加本次奖励旅游活动投标表示荣幸,表明本企业对这次活动的重视程度,同时对自己的公司进行简单的概括,突出主要优势。

1）公司的概况

对公司目前的机构设置、自身品牌优势、在行业中的地位等情况,做总结性的介绍。

2）公司的优势

主要介绍公司在业务操作层面的具体优势，包括专业化的操作、规范化的流程、独特的设计、丰富的资源、网络化的经营等，要让客户感受到本公司在操作奖励旅游方面具有其他旅游企业所不具有的特色。

5.3.2 策划书主体内容

奖励旅游策划书的主体内容是其核心部分，具体内容如下所述。

1）本次奖励旅游活动的行程

奖励旅游活动的具体行程是需求企业非常关心的内容。客户给每一个参加投标的旅游企业的信息都是一样的，而根据客户所给的信息，设计出一个独具特色、别出心裁的奖励旅游行程，便是投标的重点之一。所以在行程的设计上，旅游公司需要搜集大量的旅游目的地资料，在传统线路的基础上创造性地巧妙构思。同时，如果奖励旅游活动中有表彰大会、主题晚宴、团队建设等活动，则需要在这些特色鲜明的活动中突出自身的创意，并将客户企业的相关元素融入具体的活动，这样才能在众多的标书中脱颖而出。需要特别强调的是，活动行程要非常具体，要制订具体的行程计划。

2）航班信息

大型的奖励旅游活动，参与人员多，一般有成百上千人，而这么多人出行，无法乘坐同一个班次的飞机，所以出发地与目的地之间的空中交通便成了奖励旅游活动的一个重要的组成部分，特别是出境旅游。国际航班往往有具体的时间限制，所以需要将具体的航班信息以及计划的航班安排告诉客户企业。这需要旅游企业有着强有力的票务代理，特别是国际票务代理做后盾。

3）签证办理

对于出境进行活动的奖励旅游项目来说，签证的办理是一个重要的组成部分。应该详细介绍本公司在办理该目的地国家或地区签证方面的优势，具有公司自己的送签部门会成为赢得该活动项目的重要因素之一。同时要介绍清楚办理该国签证需要准备的材料明细，以及具体的送签领区。

4）酒店信息

根据客户的要求，搜集目的地酒店资料，向客户企业推荐 3 家左右的酒店，并简单介绍酒店的客房、会所以及相关的娱乐设施等方面的信息，让客户对即将入驻的酒店有一个大致的了解，并通过介绍从中选择出最满意的酒店。

5）旅游景点介绍

对设计的旅游线路中涉及的旅游景点进行简单的介绍，穿插相应景点的图片，让客户公司对将要参观的旅游目的地景点和景区有一个直观的感受，从而更容易接受公司的提案。

6）服务特色及质量保证

主要介绍本公司为保证奖励旅游活动顺利进行所做的工作安排,包括项目组的人员构成及各自负责的主要工作、服务的重点和本次活动的增值服务。

7）公司的承诺

告知客户具体的操作流程、必要的投诉和监督机制,以及处理投诉的具体解决方案。

8）付款条件及要求

主要说明本公司可以结算的币种、可以接受的结算方式和具体的团费结算期限。

9）附件:奖励旅游活动报价表

奖励旅游活动报价表是标书的重要组成部分,关系整个投标过程的成败,所以报价表作为一个特殊的部分单列出来,特别需要强调的是报价表一定要明细,每一项支出,例如机票、酒店住宿、会场、用餐、导游等都要分门别类地写明具体的数额。

5.4　奖励旅游的执行流程

旅行社成功策划奖励旅游的流程有广义与狭义之别,狭义的流程是指从旅行社接受企业委托开始到本次旅游活动结束后的效果评估阶段;广义流程应包含狭义流程,还应包括前期的准备工作及后期保持密切关系阶段,现重点就狭义流程作介绍。

经营奖励旅游的客户,较一般传统的旅游团体更为复杂,需花费更多的心思及更长的时间做好活动前了解、规划、安排、设计等工作。因此,要办好一个成功的奖励旅游,需要充分且完善的规划,并且谨慎地安排每一个细节,然后按计划认真执行。旅行社奖励旅游具体执行流程如下所述。

5.4.1　预算审核

奖励旅游与其他旅游项目的不同之一即表现在预算上,区别于普通的包价旅游向旅行社购买现成的产品,它是一种很特殊的旅游,类似于企业的定价旅游。它要求旅行社依企业所能承担并愿意承担的费用,根据企业的特殊需求,设计出令其满意的奖励旅游产品。而这些企业用于该次奖励旅游的经费,一般不会有较大的实质性变动。旅行社要发挥自己的主观能动性,依企业经费多少,在奖励旅游活动次数、主题活动、出游时间上做相应调整,并据此进行适当的财务分配以及有效掌控,特别注意处理好增加旅行社利润与将钱更多地利用在活动上相互之间的关系。预算审核做得好,本次奖励旅游也就有了一个良好开端。

5.4.2　企业评估与分析

在进行奖励旅游行程规划之前,应对企业进行准确细致的评估与分析,然后依据企业的特性而个别设计最具特性的旅游行程,乃是成功的不二法门。奖励旅游的最高指导原则是独一无二的行程安排,不同行业和企业对奖励旅游的行程安排、主题设定、时间安排都会有所差异。对企业评估与分析包括对企业财力、经营背景、先前奖励旅游状况、市场竞争对手以及企业特性都要调查清楚。另外,企业本次旅游人数多少、出游日期选定等,也要明了。如果企业数据库建设得好,在本步骤旅行社将感觉容易许多。旅行社对企业评估与分析得准确与否,将直接影响到奖励旅游行程活动规划的基础。

5.4.3 奖励旅游行程规划的制订

1)决定执行人员及工作分配

旅行社是一个多部门机构,不同机构有不同的职能。一次奖励旅游任务的完成,是各个部门团结协作、共同努力的结果。根据本次任务的具体情况,如奖励旅游人数的多少等,决定相应的执行人员及工作分配,以便分工协作、职责明确地分头进行准备。

2)召开动员会议

在进行更进一步工作之前,召开有关人员的动员会议是必要的。在会上,就本次活动作具体说明,并就预定目标等提出要求。动员会议的召开,既可以明确任务、鼓舞士气,也是任务大范围展开的号角。

3)行程设计与规划

本步骤其实就相当于旅游线路的设计。旅游线路是构成旅游产品的主体,包括旅游景点、参观项目、饭店、餐饮、购物、娱乐活动等多种要素。奖励旅游线路设计是旅行社根据企业的特点和要求,结合旅游资源和接待服务的实际情况,专门为企业量身定做的包括整个旅游过程中全部旅游项目内容和服务的旅游浏览路线,它通常含有特殊要求。旅游线路设计主要包括以下内容:
　　①明确线路名称。
　　②策划旅游线路。
　　③计划活动日程。
　　④选择交通方式。
　　⑤安排住宿餐饮。
　　⑥留出购物时间。
　　⑦策划娱乐活动。
在本步骤中,还应注意国际上奖励旅游出现的新趋势,如参与性奖励旅游的崛起、奖励旅游的会议旅游倾向、带家属参与等,以使设计与规划的行程活动更具创意与竞争力。

旅游线路设计要在旅游活动的表面价值外,创造更高的附加价值,因此必须在基本的规划上结合不同种类的产品、增加不同的市场考虑,才能创造出好的旅游设计;否则任意搭配组合,不仅在市场上无法上市销售,在执行上也会有相当困难。

旅游线路设计的原则如下所述。

（1）市场原则

旅游产品设计的最终目的是希望获得消费者的青睐并进行交易,使旅行业者可以获得经济上的效益。设计产品时需以顾客为出发点,正确地掌握市场趋势和相关供货商的实际供应情形,且旅行业者必须放弃个人的主观感觉及本位主义。因此除了满足市场需求,尚需保持观光相关行业供给的稳定度,进而创造消费者新的旅游需求。

（2）旅游点组织合理原则

设计旅游路线时,应注意旅游点间的合理架构及选择,并以合乎逻辑的科学方法来设计动线,并在路线的规划下注意以下内容:

①避免动线重复。

②景点间的距离要适中。

③每日的景点数量要控制得宜。

④依景点的活动量能,做适当的顺序安排。

⑤景点的特色避免重复。

（3）交通安排原则

交通选择上需以安全为考虑,并使用合法的交通工具。除此之外,考虑交通工具与景点的衔接,加强交通工具的多元使用以增加旅游情趣,上述内容都是交通安排原则所需要考虑的重要因素。

（4）内容主题化原则

旅游动线的安排应突显某项主题,就主题来贯穿整个行程的进行,应用主题让旅客透过旅游活动来了解景点的文化、生活或生态的演变,同时各项服务设施也需配合主题进行,并提供明确质量保证。

4）考量食宿交通设备质量

根据行程设计与规划的要求,考量饮食、住宿、交通以及其他相关设备的质量及准备情况,看其是否符合本次奖励旅游的要求,是旅行社工作的必须,其将影响到本次任务完成的质量。

5）专案执行方式与条件

专案是活动全部行程除去行程设计与规划的部分,其中行程部分是每次奖励旅游活动必不可少的;而专案则不是每个企业都有需要,而是根据企业的不同需求定做的。该部分主要由两方面组成:一是企业要求的特殊行程;二是特殊的活动安排,而又以第二方面为主。

①会议。奖励旅游期间如需安排会议,旅行社可负责联络及执行各项会议的工作,如会议场地租洽,大型活动或会议所需各种设备,如灯光、音响、特效等。

②培训。将工作与奖励旅游活动联系在一起,成为奖励旅游发展的一种新的趋势,利用奖励旅游期间对员工进行培训,已被许多国外企业所采用。

③主题宴会。主题宴会是最常使用在奖励旅游行程中的特殊安排。通过主办企业、旅行社、当地业者及酒店（或其他相关场地）共同研究策划,可设计出风格独特的主题晚会,但仍需以企业需求为主。主题晚会设计重点是让参与者感到惊喜。

④其他活动。其他活动如竞赛活动、惊喜派对等。

6）决定奖励旅游主题

每次的奖励旅游都会有一个主题，尤其在旅游目的地有众多的观光胜地、文化景点、观光园及活动可供选择时，表现则更为突出。在此种状况下，旅行社应建议企业选择数个景点以符合奖励旅游主题。以香港为目的地为例，有美食文化之旅、流行风尚之旅、安逸悠闲之旅、活力运动之旅等主题旅程可供选择。倘若目的地景点较少，可选择该地较具有代表性、特色的行程，以目的地名称为主题，更具纪念性。本步骤在奖励旅游行程设计与规划时就应酝酿，但由于行程活动、专案等当时尚未成形，因此未予确定。

5.4.4 行程活动规划企业确认

虽然旅行社的行程活动规划是在对企业进行了评估与分析，了解了企业奖励旅游方案、意愿的基础上进行的，且一些相关行程活动规划是在与企业有一定的沟通基础上而做出的，但当旅行社拟好行程活动规划后，应充分与企业相关人员协商，以按企业要求作适当修改，并最后在双方满意的基础上定稿确认。

5.4.5 奖励旅游行程进行及排除执行时各种变动

在奖励旅游进行过程中，会有一些无法预知的意外发生，从而打乱规划的行程是在所难免的，如意外天气、交通事故、时间路线变更、旅游者意外事件等，这就要求临时对行程做一定修改，以保证本次任务能圆满完成。因此，旅行社组织人员应具有较高的随机应变能力、较高的专业素质、相当丰富的经验，这样才能不动声色地予以化解，并争取达到或超过预期的效果。

5.4.6 奖励旅游结束效果评估

企业进行奖励旅游的特点之一是其持续性与稳定性，即存有奖励旅游需求的企业在形成一定惯例后，每年都会开展若干次的奖励旅游活动。因此，旅行社要想在激烈的市场竞争中立于不败之地，拥有稳定的客户群，并在此基础上不断拓展新客户，却不失为明智之举，而这些假设建立的基础是企业对旅行社提供的产品及服务满意，旅行社给受奖励人员出乎意料的惊喜，让他们体验愉快的服务经历，这就需要对奖励旅游效果进行评估，不断改进。

1）对奖励旅游参与者满意度的调查

奖励旅游的参与者直接体验了奖励旅游产品，他们对各项工作及安排是否满意以及满意程度如何，是奖励旅游活动是否成功的一个重要指标，关系到是否能继续承办公司后续奖励旅游活动的问题。对直接参与奖励旅游活动的参加者的满意度调查主要包含以下几个方面：目的地、酒店、餐饮以及会议等特殊活动。调查问卷是最常采用的方法，见表5.1。活动结束时邀请部分参与者进行面谈，或者之后打电话给参与者，征求他们的意见和评价，也是获得满意度的重要信息来源。

表 5.1　奖励旅游者调查问卷题项来源表

题项	期望	感知因素
1	与同行在一起进行业务交流	酒店硬件设施
2	对个人工作有帮助	酒店服务的响应速度
3	增进同行之间的了解	酒店人员的服务态度
4	建立新的网络或商业关系	酒店地理位置
5	与经常参加此活动的人在一起获得乐趣	酒店提供的信息可靠性
6	显示自己工作中取得的成绩增加荣誉感	行程安排的景点丰富度
7	增长见识,开阔视野	行程安排的时间合理性
8	充分感受公司文化,增加自豪感	行程安排中景点的文化特色
9	到以前没有去过的地方	行程中有安排参观同行公司
10	可以结交新朋友	有与同行自由交流的机会
11	可以感受到公司对自己工作的认同	行程中有丰富的休闲活动安排
12	可以感受当地的文化风俗	导游服务意识
13	可以享受个性化的尊贵服务	导游对当地风俗的了解程度
14	可以享受购物乐趣	导游协调能力
15		导游提供信息的准确性
16		导游处理突发事件的能力
17		主题晚宴的吸引力
18		主题晚宴的餐饮特色
19		主题晚宴活动内容的新奇性
20		主题晚宴的地点
21		航班时间的合理性
22		航班座位的舒适性
23		地面交通的安全性与舒适度
24		目的地政府欢迎程度
25		目的地居民友好度
26		目的地环境安全性

资料来源:李晓莉,保继刚.期望、感知与效果:来自奖励旅游者的实证调查[J].旅游学刊,2015(10):60-69.

2)征询企业意见

奖励旅游对于企业而言,是一种有目的的旅游,效果评估对企业是非常重要的,评估结果直接影响到二者合作关系的持续问题。旅行社在奖励旅游活动结束后,征询企业意见是一必要举措。

3）旅行社对本次任务的总结

在充分征询企业意见的基础上，结合旅行社内部看法，对本次任务进行总结，找出成功之处、失败教训，提出改进的方案。当总结完毕后，将其纳入案例库，以备后用。

5.5 奖励旅游策划典型案例分析

无限极（中国）有限公司从 1996 年开始，每年以海外培训的形式实施奖励旅游，该公司的奖励旅游运作有可借鉴的经验。本案例以 2012 年该公司的曼谷激扬之旅为主体素材进行分析。激扬之旅是高级业务主任级层面，本案例的分析即以该层面为主。

5.5.1 前期工作

前期工作既是预案的准备，也是奖励旅游的开始，在该过程中应完成宣传、目的、人员筛选、预选运作的旅行社等工作。

（1）前期宣传

国内许多企业在实施奖励旅游前期并没有与之相对应的宣传鼓动，减少了活动的宣传效果。无限极（中国）有限公司则在这方面注意运用前期宣传形式与效果，通过多种途径加强宣传，使广大员工了解活动的背景，并产生参与的激情。例如，在公司网站上开辟了活动的专栏，专栏内有热情洋溢的宣传，也有员工可参与的。"看 2012 激扬之旅，抢沙发送礼品"。活动问与答，实现了宣传与员工互动的效果，增强了奖励旅游的意义，在旅游实施之前即已产生了激励员工的效果。

公司的理念是：海外培训是公司重要的激励活动之一，是为表彰和激励上一年度销售业绩优异的业务伙伴打造的一个相互交流、共同进步的平台。这里既能让您饱览大海美景，增长见识，也能深度体会公司的独特文化和事业魅力，增强信心，放大梦想，向更多的人展示无限极独特的生活方式。

从 1996 年至今，无数的伙伴在这个平台上收获、成长，并保持激情再次出发，带领更多的伙伴实现了成功的梦想。

哪个员工能不受这样的鼓动而努力工作去争取实现自己的目标？

随着公司在奖励旅游方面的经验积累，激励性的宣传丰富多样，如在 2012 年的激扬之旅的夺宝活动栏中，是这样激发起你的激情：

2012 海外培训激扬之旅即将率先起航，今年，我们将去哪儿？单击首页图片，让我们一起探寻今年的激扬之旅，参与问题抢答，快乐夺宝。

这样的宣传使奖励旅游提前预热，让参与者和非参与者都得到了激励。

（2）确定参与奖励员工的基本条件和方案

公司的奖励旅游是以业绩的积分来决定受奖励的人选。在选定运作的旅行社之前，公司先期对 2011 年员工的绩效进行统计并排序，初步确定了参与 2012 年的奖励旅游的人数，包括激扬之旅高级业务主任级员工的人数，并确定不同性别的人数。

（3）选定运作的相关机构

由于公司历年的奖励旅游规模较大,内地的旅行社还缺乏组织超大型境外奖励旅游的经验。广州某专业奖励旅游策划公司承办过多次大型奖励旅游活动,活动承办质量及配合度得到市场认可。因此,公司2012年激扬之旅交由该奖励旅游策划公司承办,并由董事长确认。

5.5.2　激扬之旅的组织实施

做了必要的前期准备工作,公司2012年度的激扬之旅进入组织实施阶段,包括方案制订、目的地选择、行程的管理等。

制订方案是要明确活动的目的、要求、参加条件、组织实施等。无限极(中国)有限公司2012年度奖励旅游激扬之旅部分方案详见表5.2。

表5.2　无限极(中国)有限公司2012年度奖励旅游(激扬之旅)方案

考核计分方法	根据业绩及职级计分
出席条件	1.经公司审核,符合当年度公司指定的职级要求,并达到当年度奖励旅游标准; 2.提供真实、有效资料; 3.未患心脏病、高血压、脑血栓、急性传染病等不适合长途旅行的疾病; 4.符合入境国签证健康要求; 5.女性未怀孕。
资格转让及保留	可以将资格转让给符合健康要求的直系亲属。因怀孕、重症治疗或其他突发事件不能出席当年度奖励旅游活动者,公司将保留其出席资格至下一年度。

1)激扬之旅的规模与激励

确定参与激扬之旅的员工(高级业务主任)的规模主要依据业绩划分,达到或超过2011年成绩的员工有2 600余人。为充分调动员工参与的积极性,减少不必要的自动弃权的员工数,特别增加了该层面海外培训的专项策划,使员工感到激扬之旅是奖励,更是提升业务能力的极好机会,使达到绩效积分的员工全员参加了此次活动。此次活动的激励词是:

光阴似箭,岁月如梭,伴随着无限极迎来20华诞,公司海外培训也已步入了第16个年头。16年来,一批批无限极业务伙伴通过海外培训这个平台,走出国门,开阔视野,激发出了人生更大的梦想,取得了辉煌的成就,也推动着无限极的跨越发展。

如今,2012年的海外培训即将启动。适逢无限极成立20周年,出团人数突破历史纪录,五站精彩纷呈的旅程,多个让人期待的亮点……身未动,心已远,让我们一起来抢鲜体验:

公司的海外培训激励词富于感染力,如2012年激励词是:"能量增值站,无限增值,成功在望"。学习与成长是成功路上必不可少的一环。这次激扬之旅,公司还为与会伙伴准备了一出重头戏:量身订造的专属培训。

这是公司首次为激扬之旅伙伴倾力打造的专属培训,为伙伴们创造了一次思想充电、互相分享、交流的学习平台。公司将邀请拥有丰富实战经验导师参与。他们是谁？让我们一起期待吧。

还会有哪个员工不为此激励而动心呢？

2）激扬之旅的目的地

无限极（中国）有限公司根据自身销售导向型公司的特点，历年的奖励旅游目的地选择都结合培训目标而筛选。2012年的激扬之旅的主题是："激情飞扬，追求梦想"。根据公司的财力和海外培训的目的，此次激扬之旅的目的地是曼谷。为了加强员工对目的地的了解，公司网站宣传专栏设置了有奖抢答和精美的目的地简介，这在内地的奖励旅游活动中是不多见的，显示了公司对奖励旅游的重视和运作策略。目的地简介图文并茂，极具吸引力。

3）激扬之旅的行程管理

旅行社根据无限极公司"激情飞扬，追求梦想"的海外培训目的和员工的旅行体验，行程安排是：使员工了解行程—参观游览—培训课程—狂欢晚宴—主体活动结束。整个行程都有公司的工作人员协调安排，并全程有高质量的新闻报道。整个行程管理不是"机密"的，也不是像一般的旅行社发一张旅行说明书了事，而是通过公司的官网做了精心的策划和材料制作。

激扬之旅的软服务重点放在顶级旅行体验上，对目的地的选择、景点的安排、餐饮的标准、培训的氛围、全程的工作人员服务等都做了周密的安排。比如：培训场地一般选在高级宴会厅，且在活动前早早地就用重金预订了。在特别的欢迎仪式上，无限极（中国）有限公司安排身穿当地特色服装的欢迎队伍、导游们在机场出口迎接参与者，这让伙伴又惊又喜，惊的是作为普通市民的我们竟能享受贵宾般的礼遇，喜的是作为一名无限极伙伴，感觉很幸运，公司无微不至的关怀体贴，让远在异地的员工多了一份"安心"。

国内一些企业的奖励旅游，通常只是简单的游山玩水，事前没有宣传鼓动，事中放任自流，事后不了了之。这种奖励旅游一无激励作用，二无企业文化培育作用，三无凝聚作用，只是一次花钱的奢侈活动。从无限极（中国）有限公司奖励旅游活动素材不难看出，旅行社与公司通力合作，围绕激扬之旅的主题，为行程的体验和培训做了周密的安排，整个过程不仅对员工进行了"奖励"，宣传了企业文化，提升了员工向心力，更使企业形象得到了一次良好的宣传。

【资料链接】

八个会奖团队的水上体验

用很多独特的方式将澳大利亚美丽的海滩和水道融入到您的下一次会奖活动中。让会奖团队尽情投入这些水上活动去吧！

在大堡礁过夜

对于来到昆士兰的圣灵群岛（Whitsundays）地区的会奖团队来说，来一场大堡礁之旅是最激动人心的活动。圣灵群岛游船公司（Cruise Whitsundays）在2019年于哈迪礁（Hardy Reef）

开辟了礁石世界(Reefworld)浮台,可容纳 300 名的会奖团队在此举办专属活动。和相邻的心形浮台(Heart Pontoon)一起,圣灵群岛游船公司可为多达 550 名的会奖团队举办鸡尾酒会或其他活动,还有浮潜和大堡礁教育活动。对于规模较小的团队,策划者可以把活动提升到一个新的水平,在顶层甲板上给客人带来惊喜的过夜体验,在那里,客人可以躺在 12 个舒适的礁床之一上,在璀璨星空下入眠。对于顶级精英,甲板下的两间珊瑚礁套房是很值得的体验,这是澳大利亚第一家豪华的水下酒店套房。

在悉尼港举办帆船比赛

与团队伙伴一起搭乘最大的租赁公司东帆(EastSail)公司的帆船,开启一趟穿越悉尼港(Sydney Harbour)的帆船之旅。该公司拥有 17 艘豪华游艇,,20 位客人的团队可以租一艘帆船,或 49 位客人租赁水上摩托艇,展开一次海上景观之旅。此旅程沿途将经过闻名遐迩的悉尼歌剧院(Sydney Opera House)和海港大桥(Harbour Bridge),随后停泊在一个宁静的海湾,品尝由 The Grounds 餐厅特别提供的清爽气泡酒以及可口小吃。若您想要寻求更具冒险的团队建设活动,东帆公司可以提供企业帆船比赛,200 人的团队在合格的船长指导下学习航行,与他们的同事进行比赛,度过有趣的半天活动。团队代表们可以全程亲力亲为参与,也可以随意——无论他们选择驾驶帆船,或者为比赛贡献策略,抑或只是选择坐下欣赏壮观的景色,都能满足所有需求。

潜入巴瑟尔顿栈桥的"天然水族馆"

坐落于西澳大利亚的巴瑟尔顿(Busselton)是一个风景极其优美的海滨小镇,拥有南半球最长的木桩栈桥(timber-piled jetty)。90 人的会奖团队可以乘坐巴瑟尔顿栈桥的电动栈桥小火车抵达栈桥尽头,在 1.7 千米的旅途中欣赏地理湾(Geographe Bay)的旖旎风景。栈桥尽头是一个水下观察站,可以同时接待 44 人的会奖团队一起参观。还能接待 90 位客人可在俯瞰水面的大帐篷里享受日落饮料和晚餐。2022 年的最新发展:将花费 3 200 万澳元继续发展巴瑟尔顿栈桥,包括建立新的澳大利亚水下探索中心,成为世界上最大的天然水族馆,并拥有世界上最大的水下玻璃窗。探索中心将能同时容纳 200 名的会奖团队举办水下餐饮及会奖活动。

在南澳大利亚与海狮群"共游"

在南澳大利亚,会奖团队可以和友好的海狮们在林肯港海岸(Port Lincoln)欢快畅游。作为澳大利亚野生动物之旅(Australian Wildlife Journeys)的一部分,澳大利亚海岸探险公司(Australian Coastal Safaris)开展由独家导游带您周游艾尔半岛(Eyre Peninsula),包括跟着本地专家 Calypso Star Charters 在海狮们的聚集地畅游。在离林肯港海岸不远的几个小岛中,能接待最多 25 名游客,让客人穿着潜水服跳进其中一个小岛的浅水里,与这些顽皮的"大海小狗"近距离接触。澳大利亚海岸探险公司还能为 150 人的会奖团队量身定制团队行程,包括轮流与海狮"共游"、参观生蚝养殖场、骑行四轮车穿越沙丘等户外探险项目。

搭乘游轮行驶在达尔文港

会奖团队可以通过乘坐达尔文探险船(Darwin Adventure Boats)这个令人兴奋的方式来发掘探索北领地达尔文的水道风景。《国家地理》的内陆居民 Matt Wright 经营的这条旅游线路,将带领团队伙伴乘坐定制的 V8 气垫船或超快喷气艇(super-fast jet boat)在达尔文港感受旋转的乐趣。每艘船可以最多接待 12 人的会奖团队。行程包括在城市风景秀丽的红树林和泥滩上巡游,幸运的话,团队还能看到海豚、鳄鱼或黄貂鱼(stingrays)。Matt Wright 作为冒险奖励行程的专家,他的公司"探索荒野(Explore the Wild)"包括一支直升机队和一艘双体船、游船以及高端野外露营的独特场地。如果想获得一份真正高端的团队体验,一定要安排 Matt Wright 出面哦。

在墨尔本逐风破浪

会奖团队到访墨尔本也能体验精彩的冲浪了,距离墨尔本机场(Melbourne Airpor)仅5分钟路程有澳大利亚首个冲浪公园 URBNSURF。此冲浪公园为各种规模和冲浪能力的会奖团队提供大量选择,包括多达84人的会奖团队可以同时租用整个或半个环水湖。除了包括冲浪课程外,还有三只黑鸭子(Three Blue Ducks)餐厅提供"澳"式新鲜佳肴和美酒,这家餐厅取用的食材都是澳大利亚本地原材料。整个公园场地能容纳 2 500 名团队伙伴,此外还有多个活动场地,包括私人木屋,广阔草坪,和冲浪学院等,这些包罗万象的场地是墨尔本会奖行程的绝妙选择。

探索塔斯马尼亚原始自然的海域

会奖团队来到塔斯马尼亚的话,这里的原始海域促进了一系列的水上活动。家庭式经营的潘尼戈自然之旅（Pennicott Wilderness Journeys）是由生态先锋 Rob Pennicott 于 1999 年创办,在布鲁尼岛(Bruny Island)上拥有 18 艘游船、14 辆观光巴士,和一家有 150 位坐席的海滨餐厅,其提供百分百的碳抵消经营。会奖团体可以包下一艘船,体验塔斯马尼亚层峦起伏的陆地和壮阔海景的魔力,从海狗、座头鲸到高耸入云的悬崖峭壁,应有尽有。或者在注重可持续发展的海鲜饕餮之旅中,观看导游捕捞野生鲍鱼和海胆。最重要的是,跟随着一个慷慨支持广泛的生态和社区保护的旅游公司完成一天的旅游活动,游客也会非常满足。

享受堪培拉"漂浮"式野餐

坐落在壮观的伯利格里芬湖（Lake Burley Griffin）边缘的澳大利亚内陆首都堪培拉绝不缺少水上活动。会奖团队可以租借堪培拉 GoBoat 公司的野餐船,创造一次独特又有趣的会奖体验。这些环保野餐船由回收的 PET 瓶制成,由最先进的电动马达提供动力,意味着这些船没有化石燃料和污染。它们易于驾驶,每艘船能容纳 8 名客人。船队中有 12 艘船,多达 96 名的会奖团队可以使用船上的内置野餐桌享受"漂浮"式野餐。这家公司还和当地餐饮公司 Bean and Table 合作,提供野餐食品来满足团队的口味和饮食需求。这些船都有许可证,因此会奖组织者也可以安排携带当地堪培拉的葡萄酒上船招待宾客。

（资料来源:Business Event Australia.八个会奖团队的水上体验.［EB/OL］.（2021-12-01）［2022-08-22］.）

【本章小结】

奖励旅游策划是奖励旅游活动成功与否的重要指标,如何做好策划前的准备,并开展奖励旅游的执行过程是本章需要掌握的重点。

【思考与练习】

1.什么是策划?

2.奖励旅游的策划标书由哪几部分构成?

3.如何执行奖励旅游的策划?

第6章
奖励旅游的市场营销

【本章要点】

奖励旅游市场的特点及营销策略。
奖励旅游活动前的促销宣传策略。
如何保持奖励旅游的售后关系。

奖励旅游作为当今世界发展速度快且受瞩目的旅游形式之一,在国外得到了充分的重视和发展,在我国却尚处于刚刚起步阶段。但是国内越来越多的知名企业认识到奖励旅游带来的好处。面对未来广阔的市场机会,我们必须采取有效的措施,尽快在竞争激烈的奖励旅游市场中占据应有的地位。因此需要对奖励旅游市场的营销策略进行深入探讨,以促进奖励旅游市场的健康快速发展。

6.1 奖励旅游的市场营销策略

6.1.1 奖励旅游市场的特点

作为一种高品位、高消费、深寓文化内涵的享受型特殊旅游活动,企业可以通过奖励旅游来达到加强企业团队建设、激励员工、塑造良好的企业文化、增进企业与经销商客户的关系、维护企业已有的销售网络和扩大销售渠道、树立企业形象等目标。奖励旅游市场主要有下述特点。

(1)针对性

奖励旅游主要是针对那些有能力并且愿意采取旅游的方式对员工进行激励的公司及企事业单位。奖励旅游的目标市场主要是有实力的外资企业,还有一些大规模的国有企业和民营企业,奖励对象大多是对公司作出较大贡献的员工、产品经销商以及企业品牌的 VIP 客户。

(2)创造性

奖励旅游是一种创造性的旅游活动,它必须创造与众不同的体验才能给奖励旅游者留下难忘的经历。同时奖励旅游并非一种简单的高接待标准的豪华旅游,而是要融入企业管理目标的具有创意的旅游形式。

(3)高端性

一方面,奖励旅游的企业绝不允许将奖励旅游者当作普通旅游者来接待。所以奖励旅游无论在餐饮、住宿、交通、接待、游览、娱乐等各方面的需求均体现出高档次的特点。另一方面,由于奖励旅游需求的档次较高,加上奖励旅游团队规模大、回头客多,奖励旅游服务公司可以获得较高的经济效益。

(4)文化性

奖励旅游要求为企业提供"量身定做"的专业化产品,而且要将企业文化与理念尽可能地融入整个活动的计划与内容中,并随着奖励旅游活动的开展,企业文化能逐步体现出来。同时一些具体活动的安排也要和公司的文化相符合,奖励旅游是富有浓厚人情味和深寓文化气息的活动项目,处处体现出鲜明的企业文化。

6.1.2 奖励旅游市场发展与供需企业的关系

奖励旅游市场的发展离不开两类企业:一类是供给企业,即为奖励旅游市场提供服务的旅游企业(如旅行社)和相关支持机构;另一类是需求企业,即具有奖励旅游需求的营利性(如工商企业)和非营利性组织。

对于供给企业而言,奖励旅游者的高消费,能给社会带来较高的回报,被公认为是旅游业的"金矿",特别是随着人们对旅游产品需求的多样化,奖励旅游作为一种新的旅游形式,将成为旅游市场中一个重要的细分市场,而且由于奖励旅游团受季节性影响很小,能够弥补普通旅游淡季经营上的不足,是旅游企业拓展业务的新渠道。

对于需求企业而言,奖励旅游是一种对优秀员工较为有效的激励方式,其效果优于物质和金钱奖励,它可以增强员工团队意识,可以融洽公司上下级职员的关系,使员工产生荣誉感、归属感,而对非受奖励者也可起到鼓舞和鞭策的作用,更能帮助企业树立良好的社会形象,是公司实力的象征,公司通过推行奖励旅游能够密切和经销商与供应商等客户之间的关系,扩大业务量。

6.1.3　奖励旅游市场营销的特殊性

从宏观角度来讲,和旅游市场营销相类似,奖励旅游的市场营销同样存在着很强的外部性问题,即私人收益和社会收益、私人成本和社会成本不一致的现象。当然,奖励旅游市场营销的外部性,其表现形式主要是外部经济性,即奖励旅游市场营销不仅能够促进地方旅游经济发展,还可以提高举办地的知名度,从而使奖励旅游发展所产生的社会效益远远大于企业的私人收益。由于私人收益和社会收益不一致,奖励旅游市场营销往往表现为市场供给不足,在某种程度上需要政府的干预才能解决,这也是世界各国由专门的奖励旅游机构承担着奖励旅游目的地推广任务的主要原因之一。为此,奖励旅游尤其是国际奖励旅游的市场营销在一定程度上需要各级政府和相关协会的支持。

从微观角度讲,一般的旅游产品,其购买者和消费者是同一群体;而奖励旅游市场则不同:在绝大多数情况下,奖励旅游的购买者和消费者是分离的,即奖励旅游的购买者主要是企业,而消费者却是企业的员工、经销商以及特定的消费者,为此奖励旅游的购买者在一定程度上是奖励旅游市场促销的关键。

6.1.4　奖励旅游营销策略

1)重视对奖励旅游市场的培育

奖励旅游最先是在国外的一些公司、企业开始的,至今已有近半个世纪的历史了,它在我国的兴起也只是最近几年的事,因此我国还有不少人对奖励旅游存在着认识上的差异。国内的一些企业认为奖励旅游仅是企业给予员工、客户的一种福利,他们没有看到在奖励旅游上花钱的"附加值",即能增强员工、客户对企业的忠诚度和企业的凝聚力、向心力;一些企业和个人认为奖励旅游就是一种公费旅游,而没有看到奖励旅游的资金来源就是受奖者在实现企业的经营目标中创造出来的利润,同时是受奖者的努力才争取到的;还有目前国内一些企业在资金投放、产品组织策划的层面上,还没有真正认识到奖励旅游的重要性,他们往往只是单纯地组织员工、客户参加普通的旅行社,旅游的档次较低,并且还是一种填鸭式的游览,使得受奖者只是一味地观赏风景,而没有达到奖励旅游的真正目的。这些观念在很大程度上阻碍了我国奖励旅游的发展。

相比之下,国外的一些企业采用奖励旅游更注重以人为本,重视在奖励旅游活动中灌输企业的精神、文化和经营理念,显然这种观念是很值得借鉴的。所以,我国发展奖励旅游首先就应该加强其市场的培育:一方面,广大旅游部门要加大对奖励旅游的宣传力度,让更多的企业和个人对奖励旅游有一个较真实而又全面的了解;另一方面,旅游服务企业要进行深度、详细的市场调研,力求找准目标市场,并投入足够的人力与时间,在与企业决策层充分沟通、了解的前提下,有效地将企业满意的奖励旅游产品和专业的操作技术提供给市场,并从中获得自身进一步发展的契机。

2)加大对国外的宣传力度

据统计,奖励旅游业务主要来自亚太、北美和欧洲地区,许多跨国公司每年都举行管理层和营销人员的大型年会、业绩总结会,并相应为客户、员工组织奖励旅游活动,而国际性的著名旅游胜地通常就是举办奖励旅游的首选地。我国有多元文化及丰富的自然、人文资源,以及日趋完善的现代化设施和服务,完全可成为适于推广奖励旅游的大国,所以加大我国奖励旅游的宣传力度将显得尤为重要。具体而言,可按下述方法进行。

(1)奖励旅游营销主题化

虽然我国既是世界文明古国,又是世界旅游资源大国,但笼统的宣传并不利于人们形成具体的认识,也难以和东亚文化圈内的其他竞争对手区别开来,为了突出特色以形成更强的吸引力,奖励旅游市场营销需要增强针对性,应该进一步具体化、主题化,并围绕相关的主题开展奖励旅游活动策划、进行奖励旅游产品组合。当然,从整体上而言,我国奖励旅游营销的主题应该与"旅游活动主题年"的宗旨一致,以便从多渠道使人们加深对该主题的认识。

例如,香港是开展奖励旅游具有丰富经验的地区,在香港举办的第14届奖励旅游考察活动中,它的主题定位为"东西方的结合",以其融会贯通的东西方文化来展示香港,这样一来,既凸显了香港作为东西方文化结合的魅力所在,又展现了香港旅游业的整体形象,便于今后在国际奖励旅游市场中找到一个明确的市场定位。因此,我国在发展奖励旅游事业的同时首先就应找到一个明确的市场主题,围绕它来开展相应的营销、奖励旅游产品组织、策划活动。

(2)政府与旅游业界相互配合

奖励旅游市场营销的外部性等问题说明,国际奖励旅游市场开拓仅仅依靠旅游业界的努力是远远不够的,它还需要政府提供相应的帮助,如政府政策上的支持、信息的导向等;同时,奖励旅游的级别往往比较高,政府的支持将大大加重奖励旅游招徕的砝码,这已经在加拿大、澳大利亚等国家得到了很好的验证。

所以政府可组织国内一些旅游企业赴国外参加一些大型的旅游交易展览活动,帮助旅游企业与国际买家进行直接的、面对面的贸易洽谈和交流。政府也可以出面邀请一些著名的奖励旅游国际旅行商来国内进行考察。

2020年2月举办的亚太区奖励及会议旅游展(AIME)中为其特邀买家设立完整的教育、社交活动、会议、旅行体验(AIME不单纯依靠技术安排主办买家/参展商的匹配,而是利用良好的老式跑腿工作来策划主办买家的体验),以确保最佳的会议匹配;我国政府派出国内旅游企业参与展会学习,助力达成更好的国际奖励旅游友好关系。

(3)积极参加国际上的一些大型专业旅游展

参加国际上的一些大型专业旅游展,不仅是推广本国奖励旅游市场的大好时机,而且还能达到扩大本国旅游业影响力、提升知名度的目的。现代展览会作为高度开放的窗口、密集流畅的信息沟通渠道、高效灵活的交易中心、经济与社会发展的助推器越来越受到人们的重视,而专业性的展览会更受到人们的关注。

现今在国际上具有影响的大型奖励旅游的专业交易展有欧洲会议与奖励旅游展(EIBTM),是世界上最重要,专业水平高,交易实效最好的会议、奖励和公务旅游展之一,每年11月举办一次,且只对专业人士开放,采取买家卖家、展商预约的方式进行;美国芝加哥会议奖励旅游展(IT&ME)也是世界上较为重要的会议与奖励旅游展,每年9月举办一次,展场面积为350 000 m²;德国法兰克福国际会议及奖励旅游展(IMEX),是会议奖励旅游专业展览,于2003年开办首届连续举办至今,参展商达3 500多家,专业买家达9 000多名。

自20世纪90年代以来,我国国家旅游局已连续参加了上述3个展会,在很大程度上推广了我国的奖励旅游市场。但我们还得从注重参展的持续性和提高参展质量多加考虑,结合国际专业旅游市场的动态、变化,相应地调整我们的市场战略。

国际奖励旅游高级经理人协会(SITE)是唯一专注于奖励旅游卓越服务的全球性协会,随着越来越多的公司将奖励旅游作为一种现代企业管理的激励模式,国际奖励旅游高级经理人协会也正在经历快速增长,在84个国家和地区拥有超过2 200名会员,并且2018年正在成为该会45年历史中最高的会员增长年。SITE目前在世界各主要地区有28个分会,成员遍布广泛行业,包括企业规划人员、目的地管理公司、奖励旅游管理机构、酒店经营者、航空公司,邮轮公司、目的地旅游局和会议局、学术界以及为会议机动行业提供服务的其他组织。积极加入具有国际影响力的奖励旅游展会,有利于中国企业学习成功的奖励旅游案例,拓展相关知识等。

3)向企业展示奖励旅游活动的功效

当前使用奖励旅游作为激励手段的企业,会不断完善对奖励旅游投资回报评估的方法,以确定这种投资到底为企业创造了多大的收益。许多旅行社给参加奖励旅游团的每位成员发放有关本次旅游活动的调查问卷,希望通过这种方式向有关企业表明,本次旅游活动为该企业带来了正面效应。

但从客户企业的角度来说,这还仅仅是定义一次成功奖励旅行的一小部分。对客户企业来说,投资回报率的高低才是决定本次奖励旅游活动是否成功的关键,客户看重的是奖励旅游活动是否真的给企业带来了额外收入或降低了企业经营成本,购买奖励旅游产品的企业,特别是那些初次购买的企业,不会将奖励旅游当作普通的旅游来看待。他们会把购买奖励旅游产品所花费资金的回报率与企业其他方面的投资回报率做一个比较,以判定在奖励旅游方面的花费是否合算。例如,这些企业会把组织奖励旅游活动可能带来的激励效果与其他非现金激励,如某种消费品、购物券或休假安排等所带来的效果仔细做个比较。他们还会将奖励旅游投资收益与一般商业广告、直投信函广告等的投资收益做个比较。

因此,旅行社必须得学会向目标客户推销自己"投资回报"理念,即购买奖励旅游的企业将会增加收益。要让你的客户相信,奖励旅游是一种帮助企业提高收入的有效手段。如果想从竞争对手那里吸引更多的客户,并与现存客户建立更密切、更牢靠的关系,旅行社就必须在忙于销售座位、房间和舱位的同时,站在客户的角度,分析奖励旅游花费预算,尽可能地为客户提供合理的投资回报分析方法和程序。这样才能成功地使旅行社从一个兜售者变成客户的经营顾问,赢得客户的信赖,从而获得更多的奖励旅游业务。

4）创新奖励旅游方式

（1）突出奇特性

奖励旅游是高级旅游市场的重要组成部分，其与一般旅游活动的最大区别就在于它是针对客户企业"量身定做"的，针对受奖者要能够提供"无限惊喜"。所以这就需要那些提供奖励旅游服务的旅行社充分了解企业与受奖者双方面的需求，设计出让双方都满意的高质量的奖励旅游产品。这些旅游产品能够将企业文化有机地融入旅游活动中，使参与者感受到奖励旅游不是旅行社的行为，而是企业的一种荣誉至上的集体活动。

旅行社要为企业的奖励旅游寻求一个很好的主题包装，安排一些别出心裁的主题活动，并从主题活动的场地选择节目的设计、现场气氛的营造到餐饮服务的安排，哪怕每个细小的环节都做到尽善尽美，以便给所有参与者留下深刻难忘的印象。例如，某个旅行社曾经设计了一个这样的场面：客户企业参加奖励旅游团的成员在一项潜水旅游活动中，突然看到他们的CEO出现在水下，并向大家致以问候。员工对这一情景至今难忘。

（2）注重参与性

现在，常规的观光与购物旅游已无法满足旅游者的需求，他们要求在日程安排中加进更多的活动项目，使他们的旅游活动变得更加丰富多彩。因此旅行社在保持旅游活动娱乐性的同时，还要提高旅游活动的参与性，使整个旅游活动成为一种团体创建活动。结合受奖全体的实际，针对其年龄、职业、性别、爱好等，来设计安排一些既能调动大家游兴，又能给人留下深刻印象的具有参与性的旅游活动项目，如生态旅游、乘筏逐浪漂流、徒步旅行、划艇等活动。

（3）带家属参与

在企业进行奖励旅游时，可选择让受奖励员工带若干位家属同行的方式。之所以要考虑带家属出游，一方面由于受奖励员工所取得的成绩，是与家庭支持分不开的，因此奖励时要对此予以充分认识；另一方面，受奖励员工也愿意与家人一起被作为奖励对象。美国一项调查显示，受奖励职员大部分为已婚男性，他们在外出旅游时90%以上携带夫人，25%的人携带孩子。采用此种奖励旅游方式，可使受奖励员工得到更多来自家庭的支持，又可以使受奖励员工更加热爱自己的企业，对工作投入更多的热情，也可以增加未受奖员工对其的渴望，从而越发努力工作。带家属参与的奖励旅游要相应增加一些开销，企业可根据实际情况采取免费奖励旅游或是让员工付部分费用方式进行。

5）用精品服务锁定客户

奖励旅游不同于一般传统式行程，其专业性很强。因此旅行社必须事先针对委托企业进行瞭望，明白企业举办奖励旅游的目的与期待达成的目标，再根据经费预算、企业运营性质来配合企业完成本次完美旅程。旅行社可通过建立专业知识、案例分析、人才培养等方式，吸取国内外开展的成功经验及失败教训，在充分认识奖励旅游特殊性的基础上，提供令企业满意的、独一无二的产品与服务。

在此，尤应说明的是奖励旅游与其他旅游项目的一个不同之处，即非常强调锁定客户的重要性。奖励旅游的市场开发目标很明确，就是有奖励旅游倾向的公司、企业，一旦采用奖励旅游作为奖励方式，每年都会有相应的动作。当某旅行社与客户企业建立了合作关系，且旅行社的旅游产品令客户企业满意,获得充分信任,在相当长一段时间内,客户企业可能都会找其作为供应方。

6.2 奖励旅游活动前的宣传

奖励旅游的中间商包括全方位服务奖励公司、完成型奖励旅游公司、旅行社奖励旅游部。服务供应商则有目的地供应商、餐饮住宿供应商、交通供应商、辅助性服务供应商等。因此,为了确保奖励旅游活动能够得到更多奖励旅游参与者的认可,协调好奖励旅游提供者和服务供应商之间的关系至关重要。促进两者的和谐发展,才能更好地发展奖励旅游。

6.2.1 奖励旅游产品的促销策略

1)提高企业认知,倡导长期合作关系

第一,旅行社、会奖公司应经常面向企业中、高层管理者宣传奖励旅游的成功案例,介绍奖励旅游对企业发展的好处;邀请企业高层管理人士参加供需双方见面会,提高他们对奖励旅游的认知,增加预算,加大软、硬件设施的投入。

第二,奖励旅游与其他旅游产品不同,从活动策划实施,到推广生效,再到企业目标的一步步实现,都是一个长期的过程。而且,企业一旦采用奖励旅游作为奖励方式,就会每年都有相应的动作。因此,根据客源的特殊性,旅行社必须与企业达成持久的合作关系,进而从产品设计和激励时效上不断完善产品,巩固老客户,拓展新客户。国外会奖公司在承接奖励旅游的业务时,常常要求在一年前就开始准备,并每月定期给被奖励的员工发一封信,告知行程安排的最新进展,并关心他们的业绩,实施长达一年以上的长效激励。

2)促销工具组合

促销工具组合是由印刷品、广告、公共关系、人员销售、销售推广以及邀请实地考察等促销工具组合而成。由于奖励旅游产品的购买对象不是参团的旅游者,而是组织奖励旅游的企业,这与通常的休闲旅游产品销售对象是个人明显不同。因此奖励旅游产品促销策略中的应用方式与它们在传统的休闲旅游产品的促销运用中有所区别。

(1)邀请实地考察

有关奖励旅游产品的决策可能会涉及数百万元的高额支出,因此购买者很少仅通过看宣传手册、录像资料和广告宣传就作出购买决定。实践证明,邀请奖励旅游的购买决策者前往旅游目的地亲身体验旅游产品的方式能有效推动购买者作出最后决定。同时在考察行程中,旅行社可与主办方一起就产品策划、奖励旅游主题的表现形式、住宿餐饮设施等进行细致考察与磋商。实地考察在奖励旅游的促销中是至关重要的,而这一工具在传统休闲产品促销中则较少使用。

(2)加强广告宣传,提升普及率

常规休闲旅游产品的广告主要刊登在各地主流报刊的旅游专栏,但由于奖励旅游的促销

对象是企业,更易被企业决策者接触的是各种行业期刊,因此选择行业期刊刊登广告是奖励旅游的一个重要的促销武器。行业期刊包括奖励旅游行业的期刊和主要奖励旅游客户所在的行业的主流期刊。其中奖励旅游行业的期刊中比较著名的是 2000 年 9 月份创刊发行的《亚太会展与奖励旅游》,该期刊锁定亚太地区刊登有关奖励旅游行业的最新动态、评论以及来自公司购买者的观点,具体内容包括会议、展览、奖励旅游等方面。

通过各种媒体如报纸、电视、平面广告、广播等加大对奖励旅游产品的广告宣传,推荐采取明星效应,邀请名人主持企业颁奖盛事、参与奖励旅游活动等,帮助奖励旅游产品提升知名度,使社会广泛认知,令获奖者更加体面、更加积极地投入工作,不同广告媒体的优缺点比较见表6.1。

表 6.1 不同广告媒体的优缺点比较

广告媒体	优点	缺点
电视	视听并存,图文并茂,富有感染力;传播范围广、速度快、效率高	费用高、时间短;干扰较大;观众选择性差;设计制作难度较大
广播	信息传播及时、灵活;传播面广;广告费用较低;地区和人口选择性强	缺乏视觉吸引力,表达不直观,听众记忆起来相对较难
报纸	传播面广、可信度高、时效性强;费用较低;读者可反复查阅;基于读者情况的地理细分明确	内容较复杂,易分散读者的注意力;彩色版面少,表现力较弱;浏览性读者多,广告不易被人记住
杂志	印刷精美,可图文并茂,适于形象广告;阅读率高,保存期长;易于被传阅;地区和人口选择性强	发行周期长,发行量较少,价格偏高
户外广告	灵活、醒目、展示时间长、成本低	广告信息接收对象选择性差;内容局限性大
直邮广告	目标顾客针对性强、十分灵活,受时空条件限制最少	人员、时间、经济投入相对较高,使用不当可能会引起收件人反感
网络广告	交互性、广泛性、针对性、易于统一性、全新的体验,用户多是学生和受过教育的人,平均收入高	范围还比较窄、价格较高

(3)提高从业人员素质,设计高水准产品

人员销售是指企业的推销人员直接帮助或劝说消费者或买方购买旅游产品的过程,它以买者和卖者的直接接触为特点,推销的针对性强,与奖励旅游以一对一营销观念为指导,定制化为手段的营销原则具有很强的内在切合性。个人销售在奖励旅游促销过程中所起的作用比平常的休闲旅游产品营销更为重要,电话销售和面对面的洽谈往往起着决定性的作用。

首先,从业人员除加强产品开发方面的探索和学习之外,还可大量借鉴国外优质产品的经验。如素有寿险界"奥斯卡"之称的 ING 安泰公司的奖励旅游,曾邀请中国台湾地区两大主持人担任司仪,聘请澳大利亚航空俱乐部驾驶员以特技飞行的方式在悉尼歌剧院的上空"写"下ING 这 3 个字母,将奖励旅游非比寻常的魅力推向了高峰。

其次,产品一定要量身定做,适当实施分类旅游。产品设计除融入企业特色和目标,量身定做行程外,还应开展调查,选用最受欢迎的旅游形式。如此次调查显示,企业员工中喜欢自驾游的人数最多,但自驾游行程艰苦,不适宜全体获奖者。因此,应当分类实施旅游奖励,因人而异,采取不同的旅游形式和主题,才能满足不同企业员工的需求。

最后,要让奖励旅游变得与众不同,最简单的方法就是在旅游活动中加入一些旅游者个人用金钱买不到的因素,让客人感到被认同、被赏识,以增加他们的自豪感。如获得一系列定制的印有本公司标志的旅行包、衣物、帽子和小礼品等;在游轮上安排与船长一起共进晚宴;各地导游、饭店服务人员在迎接游客到来时,及时向他们表示祝贺;接待人员努力记住和使用他们的名字称呼他们,让他们感受尊贵等。

6.2.2　奖励旅游业务与定制营销策略

1)定制营销策略的作用

奖励旅游是高品位、高消费、深寓文化内涵享受型特殊旅游活动。世界奖励旅游协会对奖励旅游的定义是:"一种现代化的管理工具,目的在于协助企业达到特定的企业目标,并对于达到该目标的参与人员给予一个非比寻常的旅游假期作为奖励;同时是为各大公司安排以旅游为诱因,以开发市场作为最终目的的客户邀请"。

奖励旅游作为一种现代化的企业管理工具,有其自身的产品特征,旅行社需要充分发挥自身特长为不同的企业客户"量身定做"每一个奖励旅游项目。在这一客观要求下,建立在旅游市场细分终极化基础上的定制营销策略,作为满足客户个性化需求的有效形式,便成为旅行社开展奖励旅游业务的必然选择。

由于奖励旅游项目的设计和规划是针对不同企业的需求而定,因此旅行社需要充分发挥自身特长为企业"量身定做"每个项目,通过特色化服务吸引更多的企业客户。既然是为企业"量身定做"的专业服务产品,那么奖励旅游追求的不仅是服务的规模,更是服务的品质。奖励旅游并不是简单地在普通旅游基础上提高接待标准的豪华旅游,因此旅行社必须能够针对企业的特定需要设计一些创意性节目,帮助企业将其文化理念渗透到参团的员工中去,使整个旅游过程能够"形散而神不散"——为此旅行社甚至需要改变已有的行政构架以配合奖励旅游项目的开发和承办。

定制营销,也被称为顾客定制化营销,它强调各种定制都是以顾客的需要为基础和出发点的,凸显了顾客为最终导向的营销观念。这种顾客导向并非泛泛而谈的顾客导向,而是切实根据每位顾客的个性化需要进行定制。定制营销可看作是公司划分细分市场的极端化,即将每个顾客个体看作一个细分市场,因此定制营销在西方被称作顾客化营销。

随着人们生活水平的提高,消费者的需求越来越苛刻,消费需求带有浓厚的个性化色彩。定制营销实际上就是解决顾客多样化需求与企业供给之间矛盾的一种营销方式。

与传统的大众营销模式相比,定制营销有许多新的特点,其中最突出的特点是,大众营销是先开发出一种产品然后再努力去寻找顾客;而定制营销则是先培育出一位客户,然后再努力按照其要求为其定制产品。大众营销强调的是市场份额,定制营销关注的却是顾客份额,其目的是尽力从原有顾客中争取稳定的业务流,就是一次卖给一位顾客尽可能多的产品,贯穿该顾客惠顾其生意的整个期间。定制营销强调企业与顾客的交流与沟通,依赖顾客的信任、合作和参与,从互动中获得顾客的信息反馈并以此量身定制产品或服务。

因此定制营销是一种有关每一位顾客需求的纵深经济,它有别于大众营销强调的规模经济。规模经济会导致随产量的增加边际收益递减,而纵深经济会产生随着产量增加而边际收益递增的效应,从而为企业赢得更大的利润。

奖励旅游的个性化需求与定制营销的特点决定了两者之间具有内在切合性,在传统的大众化旅游营销的基础上引入定制营销策略是开展奖励旅游业务的客观要求。

2)奖励旅游业务实施定制营销策略的要求

随着奖励旅游业务的不断发展,客户需求之间的差异性不断扩大,个性化需求成为一种主流趋势。在开展奖励旅游业务中满足客户的个性化需求,实施定制营销策略,必须满足下述要求。

(1)以个性化需求为基础

定制营销以满足奖励旅游客户的个性化需求为前提和存在条件。由奖励旅游需求的特殊性质决定,作为一种管理工具,它要求奖励旅游活动中的计划与内容尽可能与企业的经营理念和管理目标相融合,将企业文化建设有机地融入奖励旅游活动中,并随着奖励旅游的开展逐渐体现出来。随着社会发展和收入水平的提高,奖励旅游客户之间需求的差异性会不断扩大,个性化成为新时期奖励旅游需求的主流趋势,奖励旅游定制营销正是适应这一变化趋势而产生的。同样,个性化需求也为定制营销奠定了客观基础和广阔的发展空间。

(2)市场细分极限化与目标客户选择

定制营销作为划分细分市场的极端化,其实质是根据每个目标客户的个性化需要进行定制——显而易见,定制营销是一种成本极高的营销行为,企业不可能也没有实力不加选择地面向所有客户开展定制营销。因此开展奖励旅游业务的旅行社应根据"顾客金字塔"理论,在目标顾客群体中,按照他们对旅行社的贡献度和忠诚度将他们划分为几个等级进行区分,尽可能选择高层客户开展定制营销。要派出专人定期与这些顾客沟通,根据他们的需要去设计、开发新的旅游线路,增加新的旅游项目,使那些实力强劲又有奖励旅游意识的客户成为旅游企业的忠诚客户。这样可更为合理地调整分配旅行社的有限资源,进一步提升为高端客户服务的水平。

(3)奖励旅游客户的全程参与

定制营销的显著特点就是奖励旅游客户亲自参与旅游产品的设计,奖励旅游客户可以将各种旅游产品模块任意拆拼、组合,甚至完全根据自身的意愿提出全新的设计。从某种意义上说,定制营销是奖励旅游产品消费者和奖励旅游产品供应者共同推进完成的营销活动,完全实现了互动营销。

(4)客户关系管理

奖励旅游定制营销的实现必须建立在对奖励旅游客户充分了解、实现一对一沟通的基础上。为此,旅游企业要运用现代信息和网络技术与目标客户进行互动式的信息交流,并通过数据库方式建立奖励旅游客户档案,进行客户关系管理,以便在顾客生涯的全过程中,持续追踪其需求的发展变化,为其提供终身化的定制服务。

(5)旅游企业角色的转换

奖励旅游定制营销要求旅行社在和奖励旅游客户进行充分信息沟通的基础上,按照客户给定的初始条件如旅游目的地、停留天数、预期花费、食宿标准等,生成多种建议和解决方案供客户选择。旅游企业必须转变观念,完全充当服务商的角色。

3）定制营销策略在奖励旅游业务中的具体运用

实施定制营销是旅行社开展奖励旅游业务的工作核心，也是培育奖励旅游业旅行社企业核心竞争力的重要途径。旅行社开展奖励旅游业务要实施定制营销，必须从以下几方面入手。

（1）改变传统营销模式

大众营销认为产品是企业生存的基础，所以十分重视产品的性能、质量及外观，而仅将顾客视为产品的购买者而非积极参与者。而定制营销则强调企业必须与顾客互动交流，根据从互动中获得的顾客反馈来提供量身定制的产品或服务。因此，奖励旅游营销组织管理应由产品管理型演变为顾客关系管理型。在高度竞争的现代买方市场条件下，客户已成为企业最宝贵的稀缺资源，留住什么样的客户，如何留住客户已是企业需要解决的重要问题。而定制营销是增加"顾客份额"的重要方法。

所谓"顾客份额"就是指企业在一个顾客的同类消费中所占份额的大小。占据了顾客份额的企业也就真正得到了顾客的"芳心"，拥有了顾客的忠诚度，因此不管市场风云如何变幻，企业也可以在某种程度上立于不败之地。其实这也就是所谓客户关系管理的宗旨所在。定制营销能让奖励旅游客户参与制造完全符合自己需要的产品，从而形成客户和旅行社之间的新型关系——这就是共同创造的概念。

（2）奖励旅游产品的共同创造

共同创造意即指价值是厂商和顾客共同创造的结果，而不是全部在厂商内部创造的。当前，产品价值创造的过程已经从产品中心和厂商中心，转移到了个性化的消费者体验。与传统的休闲旅游产品不同，奖励旅游是一种管理工具，在奖励旅游中，旅游是手段或者诱因，激励是根本目的，这一特性决定了奖励旅游有其自身的产品特征。奖励旅游团的行程安排除了常规旅游项目外，围绕客户企业文化建设的主题活动策划成为非比寻常的旅游体验开发的核心。这些特别定制的主题活动，既别出心裁地宣传了客户的企业文化，增加了客户企业的凝聚力，又带给客户奖励旅游团的参与者平常参加普通旅游团程式化的旅游活动所无法获得的惊喜体验，令参与者回味无穷，极大地延长了奖励的激励效用。旅行社为奖励旅游活动特别定制的主题活动计划、内容需要与客户企业的经营理念和管理目标相融合，而对客户企业文化及企业实现激励目标的种种需求，只有客户企业内部人士较为了解。因此，近年来，许多经常组织奖励旅游的企业大公司客户在其人力资源部或销售部里增设了一项职能，就是与旅行社共同开发为其公司员工或经销商定制的奖励旅游产品。在奖励旅游产品开发与实施过程中，产品不再是传统商品导向逻辑下由厂商（旅行社）独立生产然后卖给顾客（组织奖励旅游的公司），而是由客户企业人力资源部或销售部的客服专员、主管及部门总监与旅行社奖励旅游部的客户代表、项目经理及项目总监共同组成项目小组，进行奖励旅游产品的共同创造。客户成为旅行社定制奖励旅游产品的合作伙伴，客户与旅行社共同创造奖励旅游产品的价值。价值创造过程以奖励旅游出游人员个体的尊贵化、个性化、异质化体验为目的，以定制化为手段，共同创造体验成为奖励旅游产品价值的基础。

（3）溢价策略的运用

按照顾客要求定制的个性化产品或服务蕴含更多的可变成本，固定成本变得微不足道，具有很大的价格优势。定制营销使顾客获得完全符合自己要求、没有雷同、功能独特的产品，他们对价格不再那么敏感。产品或服务所带来的心理上的满足将占据越来越重要的位置。只要产品的服务合适,顾客认为多花点钱也值得。因此,定制产品可以实行价格溢价策略。

一些有实力开展奖励旅游的企业为更好地激励其参与对象,常常是不惜血本。据有关统计,一个豪华奖励旅游团的消费通常是一个普通旅游团的 5 倍,其不仅在交通工具、住宿、餐饮等方面体现出高档次的特征,如住豪华饭店、举行大型晚宴、选择特殊的旅游线路等。而且在旅游活动内容、组织安排以及接待服务上更是要求尽善尽美。奖励旅游高消费高档次的特点使其能够承担定制营销造成的高成本,这为实施定制营销提供了可行条件。

6.3 保持密切的售后关系

人们通常认为只有工业企业才有售后服务,实际上服务企业也有售后服务,奖励旅游的售后服务是指奖励旅游活动结束之后,奖励旅游的组织方,即全方位服务奖励公司、完成型奖励旅游公司以及奖励旅游部与奖励旅游提供者保持长期的经常性联系,持续为奖励旅游提供者提供一些服务和咨询等。

售后服务的完善是奖励旅游活动成功的一个衡量标准,同时售后服务的好坏也是决定了奖励旅游活动的参与者是否愿意再次参与其奖励旅游活动,形成长期的合作关系。

6.3.1 进行密切售后服务的必要性

1)售后服务是买方市场条件下奖励旅游组织方参与市场竞争的有力武器

随着旅游业的快速发展,竞争对手也相应增多。在产品同质化越来越严重的今天,价格成为各个提供方争夺客源的主要手段。然而,价格大战已使许多奖励旅游组织方精疲力竭。如今越来越多的竞争都体现在产品的附加部分,因此,通过售后服务(属于奖励旅游产品的附加部分)来增加产品的附加价值可以传播公司良好形象,树立奖励旅游组织方品牌,增加顾客的购买筹码。售后服务已成为各个奖励旅游公司摆脱价格战和赢得竞争优势的尖锐利器。

2)售后服务可以保持顾客的满意度及忠诚度,以稳定客源

随着社会的发展和人民收入的提高,顾客对产品非功能性利益越来越重视。企业要想长期盈利,就必须要赢得永久顾客,这就要求企业提高顾客满意度,保持顾客忠诚度。因此,企业要提供优质售后服务以满足旅游者的需求。如通过售后服务聆听顾客对本次旅游的意见并采纳其合理化的建议;通过与老顾客的长期联系接触,设计出满足其个性化需要的线路。满意的售后服务会让老顾客感受到人格的尊重和心理的安慰,给其带来一种尊贵的体现,这是顾客下一次购买的首要缘由。美国哈佛大学商业杂志的一项研究报告指出,再次光顾的顾客可以为企业带来 24%~80%的利润;争取一个新顾客的成本是留住一个老顾客成本的 6 倍。显而易见,为留住老顾客,良好的售后服务便是成功的法宝之一。

3)售后服务可以使游客现身宣传,达到扩大客源的目的

日本交通旅行公社统计表明,在人们的旅游决策中,亲朋好友的决策重要性占商业的

63%,商业宣传册只有 10% 的作用。哈佛大学的报告指出,一个满意的顾客会带来 8 笔潜在生意,其中至少有一笔成交;一个不满意的顾客会影响 25 个人的购买意愿。因此,借助老顾客的人际网络,口碑宣传有助于提高奖励旅游公司的知名度和美誉度,促进新顾客市场的开拓。而良好的旅游售后服务则是其重要保证。

4)售后服务可以保障消费者权益和奖励旅游公司的利益

最优秀的奖励旅游公司也不能保证永远不发生失误和引起顾客投诉。建立良好的售后服务可以及时迅速地处理好各种投诉事件。美国学者的研究表明,如果投诉没有得到企业的重视,2/3 的顾客会转到该企业的竞争对手处去发生购买行为;如果投诉最终得到了解决,大约70% 的顾客会继续光顾该企业;如果投诉得到了妥善、及时的解决,继续光顾的顾客比例会上升到 95%。所以,售后服务是保护消费者权益的最后防线,是解决失误或顾客投诉的重要补救策略。

5)售后服务是适应经济全球化的需要

随着中国加入 WTO,经济全球化成为现代世界经济发展的必然趋势。越来越多的国外旅行社以强大的管理实力、资金实力和人才实力进入中国。然而,国外旅行社虽然实力强大,但在他国实施售后服务难度却很大。因此,我国奖励旅游公司应针对国外旅行社售后服务上的劣势,提高自己的售后服务质量,力争在本土通过优质的售后服务争取更多的顾客。

6.3.2   奖励旅游组织方售后服务体系的建立和完善

1)建立奖励旅游组织方售后服务体系软件平台

(1)设立奖励旅游组织方售后服务部门

应充分认识到进行售后服务的必要性,树立起售后服务的意识,成立专门的售后服务机构,配备专门的人员,将售后服务严密地组织起来,形成一个责权明确、相互协调、相互促进的售后服务有机整体。

(2)加大对售后服务人员的培训

在员工对顾客售后服务的训练上进行投资,其旅游产品的售后服务品质也会相应提高。奖励旅游提供方获得满意的售后服务以后不久,整个良性循环就会开始,将是一条无形广告在替企业对外宣传。因此,在售后服务人员培训方面进行必要的投入是建立旅行社售后服务体系的又一前提。旅行社应对售后服务人员的售后服务意识、顾客至上的服务意识、强烈的工作责任感和集体荣誉感、售后服务的技巧等进行培训。另外,应对投诉部门人员的心理承受能力进行培训。

(3)重视售后服务中的反馈跟踪

一般来说,结束旅游后会产生 3 种结果:第一,满意度高,并产生今后继续购买、消费该产品和服务的念头。第二,不满意已经获得的旅游服务质量。如果不改进,奖励旅游提供方肯定会转向其他奖励旅游组织方进行购买。第三,由于对其产品和服务几乎没有深刻的感觉,其下一次购买行为具有一定的随机性。这 3 种反馈结果都非常重要,要获得长期稳定的发展,必须扩大第一种反馈的比重,尽可能缩小第三种反馈意见所占的比重,努力将有第二种意见的客户向第一种方向引导。在进行反馈调查的同时,可以深入了解导致客户不满产生的原因,并采取有针对性的解决措施。由此可见,进行反馈跟踪服务既是向客户提供延伸服务的一种方式,又是开展产品开发、服务质量监督等工作的辅助手段,是其发展的必然要求。

（4）重视客户关系管理

所谓客户关系管理（CRM）是指进行大范围的营销、销售、交流、服务和客户维护活动,以便掌握顾客名单,在顾客和公司之间建立一种关系,通过多次业务活动加强这种关系,为了顾客和公司的利益,对这种关系进行管理。

①进行顾客分级管理。凡是与奖励旅游组织方发生过交易关系的个人和组织都是旅行社的顾客,但由于顾客本身的重要性不同,又可将其分为不同的类型,并针对不同地区、不同年龄、不同层次的客户建立一个完备的资料库,分级管理。同时,可以使旅行社今后在进行奖励旅游市场营销及开发新的旅游产品时避免主观性和盲目性。

②加强客户联系的一般做法。

a.即时性服务。其主要针对本次旅游活动,以向参与者征求意见、获取反馈信息为服务目标。即时性服务方法有:旅游结束后,召开座谈会;旅游结束后的第二天,奖励旅游组织方给比较重要的客人打电话;向每一位参加本次旅游的人寄送意见征询单,不要求参与者在征询单上签字或注明地址,同时提供回寄信封和邮票。

b.问候性服务。问候性服务方法有:每月挑选20~30名参与者,以总经理亲笔致信的方式与老顾客进行书面联系,让对方感到亲切;给参与者寄附有旅行社社徽、地址、电话等内容的问候性明信片,并由员工亲笔写上欢迎光临或祝贺旅游成功之类的语句;在节日或老顾客的生日给他们送去祝福和惊喜。

c.推介性服务。推介性服务方法有:给顾客办一张积分卡,当达到一定分数给予打折或奖励旅游;工作人员在某一旅游胜地时给老顾客邮寄介绍该景点的促销性明信片,以激发他们产生新的出游动机;定期举行招待会、野餐活动或狂欢舞会,为每个参与者提供互相认识和推荐线路的机会。

d.沟通性服务。沟通性服务方法有:成立俱乐部;发行报刊,内容主要是介绍旅游知识与经验;举行开放日活动,让每个参与者了解其实力,对其产生信赖感。

（5）重视对顾客投诉的处理

大多数奖励旅游组织方对投诉并不欢迎,他们往往忽视投诉的积极作用。从提高旅游服务的程序上看,旅游投诉的处理属于一系列服务的收尾阶段,这也意味着投诉处理将是对奖励旅游组织方所有服务中的缺陷进行补救的最后机会。处理好投诉,可以消除参与者的不满情绪,化解误会,与参与者达成谅解。同时,可以弥补失误,挽回信誉。

2）建立奖励旅游组织方售后服务体系硬件平台

通过售后服务体系获得的顾客消费行为信息显然更具有价值和代表性,直接处理相关信息可以使提高顾客忠诚度的成效明显加大。

（1）引进新型客户关系管理软件

随着市场的扩大,客户越来越多,过去靠表格管理客户资料的方法已不能适应发展的需要,多次出现客户资料丢失现象。重点客户得不到足够的关注,很多老客户选择了竞争对手。

对于重要项目的客户没有一套合理的过程监控机制,很多重要客户没有得到足够的关注,将项目的成败交到个别员工手上,没有发挥出团队协同跟进的力量。管理、客户资料管理、客户服务管理、客户信息管理的强大工具。软件的使用可使客户关系管理更加信息化、科学化、系统化。

（2）建立专门网站

随着计算机智能化的普及运用,构建完善的售后服务体系就要有一个完整的与顾客沟通的信息平台。因此,奖励旅游组织方应建立自己的专门网站,开辟一些专供客户旅游后互动的信息平台,通过客户之间的信息交流,了解旅游产品购买者对本奖励旅游组织的建议或者意见,这样既可提高售后服务质量,又可起到对外宣传的作用。比如可以设立游后感言专栏,对发表文章的消费者进行奖励;设立参与者论坛,等等。

【本章小结】

随着市场竞争的激烈,公司企业为了使员工更有效率地完成公司目标,奖励最优秀的员工,激励经销商和促进友好的客户关系。面对未来广阔的市场机会,在必要时采取有效的措施,尽快在竞争激烈的奖励旅游市场上占据应有的地位。因此,加强奖励旅游的公关宣传,是奖励旅游市场上至关重要的部分。

【思考与练习】

1.奖励旅游市场的特点是什么?

2.如何开展奖励旅游的营销工作?

3.应怎样建立奖励旅游组织方售后服务体系?

第7章
奖励旅游的组织管理

【本章要点】

政府在奖励旅游的组织管理中需要加强的内容。

奖励旅游活动中安全管理的内容及对策。

奖励旅游活动中风险管理的内容及对策。

7.1 政府的组织管理

奖励旅游是一个综合性强、主题性强和竞争性强的行业,这些特点决定了它是一个政府引导型产业。尤其是在一些奖励旅游发展初期的国家,政府更应扮演积极的角色,不能只依赖市场来自然调控。

7.1.1 奖励旅游发展的支撑要素

纵观国内外奖励旅游的发展过程与管理实践可以发现,奖励旅游的持续、健康发展需要多方面的要素作为支撑。主要分为下述 6 个方面。

(1)经济条件

经济条件包括宏观经济条件和微观经济条件,前者指 GDP、国民收入这些数字所反映的国民经济发展水平和发展速度;后者包括资本、土地、劳动力、人才、技术、基础设施、顾客爱好、政策等要素。例如,只有一个国家或城市的经贸活动达到了一定规模,才能为参展商提供基本的交流平台,并带来较大规模的人员流动,从而为当地的旅游、咨询、通信等各项产业创造大量的市场机会;现代化的城市设施和专业的会展场馆为参展商提供良好的工作环境,这是会展活动得以展开的顺利保障。

(2)科技条件

一些与学技术交流相关的会展活动,必然要求奖励旅游承接地有充足的科技储备作保障,只有具备了相应的技术支持,才有资格举办一些技术性、专业性强的会展活动。这里的科学技术指发明创造和技能方法,包括如何设计、生产、分配和销售服务的方法。重要的技术环境还包括国家投资及支持重点,发展动态,技术转移及商品化速度,专利及其保护情况。

(3)政治及法律条件

政治和法律条件包括政府在该产业中的地位,可以通过税收、信贷、补助、支持开发、购买等间接干预手段实现;政府行政效率、政令贯彻情况;政治安定性;国际组织制约因素;法律体系执行情况;契约保障;个人利益受尊重情况。奖励旅游的持续稳定发展离不开政府的科学引导和积极的产业政策,政府部门应在争取会展主办权、基础设施建设、整体促销等方面对奖励旅游给予大力扶持,为其发展营造良好的环境。

(4)会展行业整体素质及旅游产品的质量

完善的行业管理能有效避免重复办展,并能扩大奖励旅游的规模和优惠奖励旅游活动的整体促销效果,从而使会展资源和旅游资源得到有机整合;会展旅游的本质特征在于实现了会展业和旅游业的有效对接,所以针对参展人员和观展者的高品质旅游服务是旅游企业参与会展活动的重要条件。

(5)区位及自然条件

区位及自然条件包括地理位置、地质、资源、气候和土地等。

（6）文化条件

浪漫独特或底蕴深厚的都市文化是许多奖励旅游活动举办地的一项重要优势。

7.1.2 政府提供政策支持

奖励旅游的发展离不开政府的相关支持，奖励旅游作为一种管理工具，在现代企业管理中占据着非常重要的地位。我国的奖励旅游则刚刚起步，急需国家政策的支持，对公费旅游进行科学的界定，以使奖励旅游透明化、公开化。

我国国有企业在实施奖励旅游的过程中，最大的一个问题就是奖励旅游有公费旅游之嫌，因为国家对公费旅游明令禁止，为此众多国有企业管理层对奖励旅游讳莫如深。事实上，奖励旅游并不等于传统意义上的公费旅游。而奖励旅游作为一种现代较为先进的、颇具人性化的管理手段，更不应该被排斥在国有企业之外。解铃还须系铃人，政府应该牵头对公费旅游进行详细界定，使公费旅游和奖励旅游区别开来，并促使国有企业的奖励旅游透明化、公开化，真正发挥奖励旅游的企业管理功能。

2018年杭州市落实的会奖旅游奖励政策《关于印发杭州市促进会议与奖励旅游项目引进支持办法的通知》，对各种类型的会议项目（包括国际会议、国内学术会议、国内商业会议和杭州会议大使引进的学术会议）、入境和国内奖励旅游项目进行重点奖励。2017年北京市印发的《北京市会奖旅游奖励资金管理办法》是强有力的政策保障，有助于推动业界把产业做大、做强。政策的奖励对象包括奖励会奖旅游的运营主体，鼓励其申办国际会议、举办国际会议、加入国际知名会奖旅游组织，还奖励创新机构和教育、培训、科研机构等主办方，会奖旅游产业链条上的各种业态都将列入奖励范畴。该奖励政策将配套总额2 000万元的预算资金，重点鼓励在京举办商务会奖活动和国际会议。

【资料链接】

关于印发杭州市促进会议与奖励旅游项目引进支持办法的通知

（2018-11-22）

为充分发挥财政资金政策的引导和激励作用，积极引进国内外规模会议和奖励旅游项目，打造国际商务会奖旅游目的地形象，促进旅游休闲业转型升级，根据杭州市委召开的十一届十一次全体（扩大）会议审议通过的《中共杭州市委关于全面提升杭州城市国际化水平的若干意见》（市委〔2016〕10号）、《杭州市人民政府关于推进旅游休闲业转型升级的实施意见》（杭政〔2015〕3号）精神，并按照《杭州市人民政府办公厅关于印发杭州市旅游休闲业转型升级三年行动计划（2015—2017年）的通知》（杭政办函〔2015〕58号）的要求，制定《杭州市促进会议与奖励旅游项目引进支持办法》（以下简称《支持办法》），现将《支持办法》的有关编制情况说明如下：

一、编制背景

《支持办法》的编制主要以《中共杭州市委关于全面提升杭州城市国际化水平的若干意见》（市委〔2016〕10号）、《杭州市人民政府关于推进旅游休闲业转型升级的实施意见》（杭政〔2015〕3号）精神，并按照《杭州市人民政府办公厅关于印发杭州市旅游休闲业转型升级三年行动计划（2015—2017年）的通知》（杭政办函〔2015〕58号）的要求进行编制。

二、目的意义

（一）提升对杭州会议目的地的关注度；

（二）提升"峰会杭州"品牌效应；

（三）扩大杭州会议与奖励旅游市场份额；

（四）吸引国内外更多的企业来杭州开展会议与奖励旅游活动；

（五）促进我市会奖旅游市场稳定发展。

三、主要内容

支持项目需是在杭州行政区域内举办的，对促进城市重点产业发展、经贸科技文化交流、提高城市国际化水平、拉动消费作用明显的国际国内会议和奖励旅游项目。对下述会奖项目在杭州举办提供资金支持，具体项目包括：

（一）国际会议

（1）符合国际大会及会议协会（ICCA）或国际协会联合会（UIA）制定的国际会议标准的会议。

（2）国外参会代表占全部参会人数比例超过40%，或参加国家和地区（不含港澳台地区）3个以上且国外代表超过25%的会议。

（二）国内学术会议

（1）由国家级协会、学会、高校等学术机构主办的国家级学术会议及协学会年会。

（2）由省外省级协会、学会、高校等学术机构主办的，会议消费超过30万元的省级学术会议。

（三）国内商业会议

由杭州行政区域以外注册的企业举办的，会议消费超过30万元的会议。

（四）入境奖励旅游项目

由企业举办的奖励旅游活动，境外代表占比超过90%，杭州住宿2晚以上，有会议或主题晚宴活动安排。

（五）国内奖励旅游项目

由杭州行政区以外注册的企业举办的奖励旅游活动，杭州住宿2晚以上，有会议或主题晚宴活动安排，直接活动消费超过30万元。

（六）杭州会议大使引进的学术会议

由杭州会议大使引进或发起的其所在行业内的学术会议。

（资料来源：杭州市文化广电旅游局官网）

北京市会奖旅游奖励资金管理办法

京旅发〔2017〕301 号

第一章　总则

第一条　为促进我市会议与奖励旅游产业的发展,加强和规范北京市会议与奖励旅游奖励资金(以下简称"会奖资金")的管理,提高资金使用效益,北京市旅游发展委员会(以下简称"市旅游委")结合我市部门预算管理的有关规定制定本办法。

第二条　会奖资金的管理和使用遵循"公开、公平、公正"的原则,公开征集、据实申请、择优评选。同一项目不得重复申报。

第三条　设立会奖资金旨在通过对会奖旅游产业链主要环节的市场主体进行资金奖励,进一步促进国际会议、奖励旅游活动、国际商贸及文化交流活动等在京举行,宣传推介北京会奖旅游资源,促进国际会奖旅游市场的开发,促进入境游,增加北京入境旅游消费。

第四条　项目申报主体为非官方国际会议、奖励旅游活动、境外买家(媒体、旅行商)考察活动、海外参展的组织机构、承办机构、场地提供方等各相关方,包括协会、学会、会奖公司、旅行社、会议会展中心、酒店等。项目申报单位须具有独立法人资格和健全的财务制度、良好的会计信用和纳税信用。申报项目符合国家法律法规,符合国家及北京市会奖产业发展政策。申报项目如涉及旅行社业务,应具备相应旅行社资质。如联合申请,需确定一个主申请人,并符合上述条件。

第五条　存在下列行为之一的三年内不得申报会奖资金:

(一)编报虚假预算,套取财政资金。

(二)提供虚假财务会计资料。

(三)虚假承诺。

(四)存在知识产权方面的重大法律纠纷。

(五)其他违反财经法律法规的行为。

第二章　奖励资金范围条件及标准

第六条　境外专业买家、旅行商、媒体等来京交流采访与开展合作的奖励条件及标准。

根据活动的规模、重要性、实际效果以及对北京会奖旅游业发展的作用,通过第三方评审择优奖励。申报单位需提供外宾电子机票确认单、住宿发票和活动报告书等相关材料。

奖励资金额度按审定后人均不超过 4 000 元计取。

第七条　海外促销、参展的奖励条件及标准。

根据活动的规模、重要性、实际效果以及对北京会奖旅游业发展的作用等,通过第三方评审择优奖励。申报单位需提供电子机票确认单、住宿发票、参展或参会通知、场地费与交通费单据、活动报告书、活动现场图片等相关材料。

奖励资金比例不超过项目审定后投资总额(场地费、制作费、交通费、住宿费等直接费用)的 30%。

第八条　申办、主办和承办国际会议的奖励条件及标准。

（一）申办国际会议

通过第三方评审，择优奖励申办成功的国际会议，按照重要性和规模给予10万元或15万元定额资金奖励。

申报单位需提供会议及活动国际组织相关授权书、协议、证明材料以及往届会议活动相关材料，例如规模等。

（二）主办国际会议

根据会议及活动的规模、重要性、消费金额、实际效果以及对北京会奖旅游业发展的作用等，通过第三方评审择优奖励。其中单项会议及活动与会外宾人数不低于50人，参会人员来自3个国家以上，会期不少于2天。按照外宾入住酒店间夜数给予10万元到40万元定额资金奖励。

申报单位须提供如下材料（包括但不限于）：在京举办国际会议批件、会议手册（含日程安排）、签约酒店协议、酒店住宿凭证（会议注册系统外宾参会凭证或其他能够证明外宾住宿的证明材料）、活动报告书、活动现场照片等材料。具体奖励标准：外宾入住100~200（不包含）间夜，奖励10万元；200~400（不包含）间夜，奖励15万元；400~600（不包含）间夜，奖励20万元；600~1 000（不包含）间夜，奖励30万元；1 000间夜以上，奖励40万元。

（三）承办国际会议

承办国际会议单位如申报奖励资金，须满足下列条件：一是主办单位没有申报奖励资金；二是承办单位在使会议落地北京过程中作出积极贡献；三是申报项目具备一定规模，外宾达到100人，会期不少于2天，参会人员来自3个国家以上。

申报单位须提供如下材料（包括但不限于）：国际会议承办协议、签约酒店协议、会议手册（含日程安排）、签约酒店协议、酒店住宿凭证（会议注册系统外宾参会凭证或其他能够证明外宾住宿的证明材料）、活动报告书、活动现场照片等材料。具体奖励标准：参照主办国际会议奖励标准的50%以内给予奖励。

第九条　承接来京境外奖励旅游团。

根据奖励旅游团规模、在京逗留天数及对北京会奖旅游业发展的作用和影响力等，通过第三方评审择优奖励。奖励旅游团规模在100人以上，在京逗留2天以上，且入住四星标准（含）以上酒店，按照入境客人入住酒店总间夜数实行5万元至20万元定额资金奖励。

申报单位需提供承接协议、签约场地协议及付款凭证、酒店入住证明及发票、境外客人电子机票确认单等材料的复印件和会议或主题活动的报告等。具体奖励标准：入境客人总间夜数200~300（不含），奖励5万元；300~400（不含）间/夜，奖励8万元；400~500（不含）间/夜，奖励10万元；500~600（不含）间/夜以上，奖励15万元；600间/夜以上奖励20万元。

第三章　奖励资金管理程序

第十条　项目征集与申报。

市旅游委每年定期向社会发布公告，对当年奖励资金奖励类别、征集时间及评审细则予以明确。

项目申报单位需提交以下材料：

（一）项目申报书。

（二）项目申报表。

（三）其他相关材料。

1.企业法人营业执照副本及复印件,并加盖单位公章。

2.近两年的财务报表(包括资产负债表、损益表、现金流量表等)及审计报告复印件,并加盖单位财务印章。

3.项目是否取得其他政府奖励资金支持情况说明。

4.项目申报单位对报送材料真实性负责的声明。

5.依据有关规定应提交的其他相关文件及需要补充说明的材料。

以上材料以年度申报通知为准。

第十一条 奖励资金的审核和拨付。

经第三方评审机构评审后,市旅游委按照相关财政资金管理程序及《北京市旅游发展专项资金管理办法》申请资金,市财政根据财政资金管理办法进行资金审核批复,资金批复后,由市旅游委拨付奖励资金,并负责监督管理。

第四章 监督检查

第十二条 为保证本办法的顺利实施,市旅游委委托第三方机构对相关材料进行严格审核,发现有以下情形的,取消申报资格;已拨付的资金由市旅游委予以收回;涉嫌犯罪的,移送司法机关依法追究法律责任。

(一)编报虚假预算,套取财政资金。

(二)提供虚假财务会计资料。

(三)虚假承诺。

(四)其他违反财经法律法规的行为。

第十三条 第三方机构需具备政府投资项目管理经验与服务平台运营经验,通过社会公开选聘进行确定。

第十四条 市旅游委负责旅游发展专项资金的监督管理,并自觉接受相关部门的监督。

第十五条 对监督检查及绩效评价发现的问题,由市旅游委督促相关单位限期整改。

第五章 附 则

第十六条 本办法由北京市旅游发展委员会负责解释,自发布之日起施行。

(资料来源:北京市旅游发展委员会.北京市文化和旅游.北京市会奖旅游奖励资金管理办法:京旅发〔2017〕301号)

北京市旅游发展委员会关于2017年北京市会奖旅游奖励资金项目评审结果的公告

依据《北京市会奖旅游奖励资金管理办法》,我委于2017年7月份发布了《关于公开征集2017年度北京市会奖旅游奖励资金支持项目的公告》,开展了年度会奖旅游奖励资金评审工作。经过项目征集、项目初审、项目立项评审、项目投资审核等工作程序,并经我委相关会议审议通过,给予下列51个项目会奖旅游奖励资金奖励,现予公告。

2017 年度会奖旅游奖励资金项目评审结果表

序号	所属区	项目申报方向	项目名称	申报单位
1	朝阳区	主办国际会议项目	中国卒中学会第三届学术年会暨天坛国际脑血管病会议	北京麦迪卫康品牌管理顾问股份有限公司
2	大兴区	主办国际会议项目	第六届非洲数字电视发展论坛	北京四达时代软件技术股份有限公司
3	大兴区	主办国际会议项目	第七届非洲数字电视发展论坛	北京四达时代通讯网络技术有限公司
4	海淀区	主办国际会议项目	droidcon 国际安卓技术大会	北京长风信息技术产业联盟
5	朝阳区	主办国际会议项目	2017 第九届国际石油产业高峰论坛	北京振威展览有限公司
6	西城区	主办国际会议项目	首届世界厨师艺术节暨 2016 中国国际餐饮食品饮料交易博览会	世界中餐业联合会

注:此表格仅列举项目前 6 个会奖旅游奖励资金奖励。

(资料来源:城市形象与市场推介处.北京市文化和旅游局.北京市旅游发展委员会关于 2017 年北京市会奖旅游奖励资金项目评审结果的公告)

7.1.3   加强市场规范管理

为加强奖励旅游市场的规范管理,需要建立奖励旅游经营准入制度。奖励旅游与一般形式的旅游有很大的区别,其目的具有多样性,行程与活动安排独一无二、非比寻常,参与对象往往比较优秀,所需服务质量也较高,这就对从事奖励旅游经营的旅游企业提出了相当高的要求。这种要求主要体现在企业的综合实力方面,包括专业的经营管理人员,包括该企业与航空公司、饭店等旅游供应商的业务关系,包括相关的活动策划、运作经验,会议场所租赁与安排,专业设施的操作与管理,以及应变能力,等等。事实上就目前而言,我国许多旅游企业还不具备上述部分素质和能力。

鉴于目前我国旅游企业尤其是旅行社水平分工,实力与服务参差不齐、奖励旅游市场经营混乱的局面,故应尽快建立起奖励旅游经营行业准入制度,对经营奖励旅游的企业特别是旅行社进行审核、评估、监督,促使其提高奖励旅游服务质量,以促进我国奖励旅游业的良性发展。

7.2   奖励旅游活动的安全管理

安全是奖励旅游活动的基本需求,它不仅直接关系到奖励旅游的效果,甚至可能造成奖励旅游参与者人身、财产的损失,影响到企业的形象。安全是企业奖励旅游顺利运行的重要保障,是保证奖励旅游活动效果的必然要求。

7.2.1　潜在安全性问题

奖励旅游活动的参与者在奖励旅游活动中受着自然因素、社会因素以及个人因素的影响，存在各种各样的安全隐患。自然灾害频发、社会不安定因素，安全基础薄弱、安全设施不足或老化，监管制度不健全、对旅游过程中的突发事件应急救援机制不健全都会成为奖励旅游活动中的安全隐患。很多奖励旅游活动的参与者对安全隐患了解不足，在旅游活动中又常常一时兴起单独活动甚至冒险行动，也会造成安全隐患。奖励旅游总体规模大、事件集中，设备及从业人员处于超负荷运转状态，更使旅游活动中的安全因素复杂化。奖励旅游的安全管理是由许许多多的安全要素组成的，层层相扣、缺一不可，形成了一个管理系统。

在奖励旅游活动举办前，需要收集各方面信息。通过广泛收集可能导致各类安全突发事件发生的危险有害因素，预先识别奖励旅游活动中潜在的各类威胁、弱点，全面评估面临的风险种类等级、可能造成的影响，对危机灾害后果进行准备和预警，制订相应的事故应急预案及疏散避难预案，确保安全事故应急工作迅速且高效。另外，购买相关保险是奖励旅游活动安全管理的重要措施，是奖励旅游安全体系中不可或缺的一个环节。

旅行社主管认为，在奖励旅游过程中将会遭遇到的风险，大多数受访者认为奖励旅游所面临的风险是在于"他国国家政策"，例如签证等障碍。其次是"机位风险"上的风险，在奖励旅游过程中经常面临机位变动性高，导致预订机位时有许多未知风险，而机位又是重要的出团交通工具。

7.2.2　建立奖励旅游安全应急事件的对策

为了有效保障奖励旅游的安全顺利进行，应在奖励旅游活动过程中进行实地检查，对所有隐患进行排查，建立奖励旅游安全应急事件的对策机制也是必要的。

一般奖励旅游安全应急事件分为一般突然事件和重大突发事件两类。

（1）一般突然事件

在奖励旅游过程中出现的突发事件，如拒签、护照遗失、物品丢失或被盗、人员走失、重症、急症发作、流产等。

（2）重大突发事件

在海外旅游过程中出现的突发事件，如重大伤亡事故、出入境受阻或被边防海关扣留、有组织的群体对立事件、恐怖袭击、严重的自然灾害、政治动乱或者传染疫情等突发情况，或引发媒体极大关注并产生负面影响的事件。

出现奖励旅游安全应急事件主要有报告、定性、制订方案、实施方案、总结汇报等程序。

7.2.3　安全应急一般事件的预防与对策

1）拒签

针对拒签，应采取的预防措施和对策如下所述。

（1）预防

出国旅游，要求出团人员准备完整且真实签证材料，并与旅行社保持密切沟通评估签证的成功率。如果出团成员需要到领事馆面签,旅行社应对游客进行签证官常见问题的培训及提醒。

(2)对策

向奖励旅游活动总负责人汇报,与组团社商量备用方案、发布信息解释原因,公布备选方案,安抚相关出团人员。按备用方案筹备及实施。一般来说,因自身原因(虚假材料、不提交资料)旅行社不予补偿,因不可抗力原因公司承担所有产生的费用并保留资格至下一年。

2)护照丢失

针对护照丢失,应采取的预防措施和对策如下所述。

(1)预防

除在进出关时护照由本人保管,其他时间交由旅行社领队统一保管,并在出行前提醒出团人员携带身份证备用、出团前旅行社保留团队的护照、签证复印件。

(2)对策

第一时间向奖励旅游活动总负责人汇报并与组团社取得联系。组团社与地接社及中国驻旅游目的地使馆联系,做好处理报备、补办资料及证明等工作。如果无法在返回时间内办完相关手续,企业及旅行社应安排当事人滞留期间的食宿及返程交通。如有必要,可安排旅行社工作人员陪同当事人直至问题解决完毕。问题处理完毕后,组团社应与当事人协商产生费用并划分相应的承担责任。

3)物品遗失、被盗

针对物品遗失、被盗,应采取的预防措施和对策如下所述。

(1)预防

提高安全意识,夜间少出门、不去人多嘈杂混乱的公共场所,旅游者尽量结伴同行。入住酒店时可由酒店安排保险箱帮忙保管贵重物品,并根据实际情况购买个人财产保险。

(2)对策

立即向当事人了解情况,协助寻找。安抚情绪、报案并取得相关部门的立案证明,通过旅行社向保险公司索赔。如行李在飞机等交通工具上丢失,应立即通知旅行社向航空公司申请处理及索取赔偿。

4)人员走失

针对人员走失,应采取的预防措施和对策如下所述。

(1)预防

出国旅游应提前开好国际漫游或者准备电话卡。随车领队和工作人员每次下车前应强调集合事件和地点,提醒出团人员记住所乘车辆的车牌号码,并在上车前清点人数。所有出团人员随身携带中英文出席证,出席证上有工作人员及总领队的电话及紧急情况的联系方法,并携带酒店名片,另外仍需加强对团员的个人安全教育。

（2）对策

报告奖励旅游活动总负责人,联系走失人员,告知原地不动。派一名工作人员及当地地陪接待返回团队。如果联系不上、召集走失人员所在车的工作人员开会,回顾当日行程,找出最有可能走失的地点,分头去找。如24小时内没有结果应选择报警并联系当地中国领事馆,并与走失人员家属沟通、处理后续。

5）重症、急症发作

针对重症、急症发作,应采取的预防措施和对策如下所述。

（1）预防

明确有重症或者不合适长途旅行的疾病的人员一律不允许出席。在出发前,如有发现应及时劝退。随车工作人员要随时关注同车出团人员的身体状况,尤其是年龄超过60岁的人员,及早发现突发事件,并准备应急药物和安排随团医生。

（2）对策

拨打当地急救电话,并在救护车来之前,请随团医生就地施救。安排地接社人员随车前往医院,协助医院处理。团队归国前一天,在征得本人及医院同意的情况下,决定随团回国治疗或者留在当地就医。如需在当地就医,组团旅行社应为其延长签证,并安排一名工作人员陪同,直至其可回国治疗为止。

6）流产

针对流产,应采取的预防措施和对策如下所述。

（1）预防

如发现怀孕人员应劝退。如其执意要随团出行,应要求其签保证书并承担一些相关责任。随车人员需密切关注怀孕人员,不适合孕妇的旅游项目坚决防止其参加,如有不适症状应马上安排其休息。

（2）对策

如有流产等紧急情况发生应将其送当地医院,听取医生处理意见。如可回国做进一步疗养,旅行社则应安排其购买提前回国的机票,并联系当事人的家属完成交接。公司也应致电予以慰问。

7.2.4 安全应急重大事件的预防与对策

1）伤亡事故

针对伤亡事故发生,应采取的预防措施和对策如下所述。

（1）预防

建议旅游活动中不安排危险系数高的活动,如水上运动、高空跳伞、攀爬等项目。要求组团社对车辆安全及司机从业安全记录进行认真核查,保证司机睡眠质量。加强参与者安全教育,提醒参与者提高安全意识,比如养成排队习惯,乘车乘船不哄不挤。组团社应安排合理行并购买旅游意外险及交通意外险。

（2）对策

如有紧急事故发生,应第一时间就地采取紧急措施,稳定其他同行人员。报告奖励旅游活动总负责人,并联系组团社协助相关部门跟进事件处理及发展,制订应急行动方案并执行方案。

2）出入境受阻

针对出入境受阻,应采取的预防措施和对策如下所述。

（1）预防

出入境受阻主要是因为入境国海关怀疑护照的真伪。出团前提醒出团人员注意护照不要有破损并保持护照整洁,提醒出团人员进出海关自己负责个人物品,不帮助他人携带任何物品或行李。旅行社向游客提供须知,宣传目的地国家、地区出入海关规定,不携带违禁物品。

（2）对策

冷静并配合边防、海关人员的正常例行检查,主动出示护照及其他身份证明材料,不与边防、海关人员发生言语或肢体冲突。如有紧急情况发生,组团社应跟进事件发展及处理,并请教地接社处理意见及方法,以避免影响团队行程。如需罚款则先由公司垫付;如需要扣留则应配合海关,并安抚出团人员,视具体情况灵活处理;如遇到不公平待遇,应与旅行社配合向当地中国使馆联系或者投诉目的地相关部门。

3）恐怖、自然、疫情、动乱、政治动荡

针对恐怖、自然、疫情、动乱、政治动荡等情况,应采取的预防措施和对策如下所述。

（1）预防

制订奖励旅游方案时应准备候选方案,不选择政局不稳、对中国不太友好、自然灾害、疫情严重地区。做好出团前的相关政策宣导及预期管理工作。在出游时间段内如突遇安全事故,则应安排延期、取消或者更换目的地。

（2）对策

如在出团前发生恐怖、自然灾害、疫情等事件,则应第一时间汇报奖励旅游活动总负责人,制订应急方案。企业收集游客对事件发生和奖励旅游的意见及建议。联系供应商、旅行社、航空公司、接待酒店、目的地政府相关部门,收集中国旅游局及当地大使馆出行建议,了解事态发展,作出如期举行、延期、取消的决定,并进行出团人员前期已预订票据的退票报销工作,争取理解和支持。另一方面,和供应商沟通赔付事宜。

如紧急事件发生在出团期间则需要安抚游客,制订方案并实施。保留好出团人员的重要证件及记录(护照、出入境记录)并保存于安全之处。提供24小时汇报,便于国内人员及出行人员及时了解情况。联系当地中国大使馆以取得支援,争取使领馆在必要时提供协助撤离危险区域。如属于疫情则需配合当地要求进行隔离医学观察,如有犯罪分子侵害则应立即报警,与当地警方沟通并索要警方报告。

7.3　奖励旅游的风险管理

在组织奖励旅游的过程中,会遇到一些难以预料到的不确定损失,即奖励旅游的风险。这些风险既包括一般旅游活动会遇到的风险,也包括因奖励旅游活动的特殊性而产生的一些特有的风险。为尽可能地减少损失,奖励旅游活动的组织者需要进行风险管理。

7.3.1　奖励旅游面临的主要风险

1）经济方面

奖励旅游在经济方面的风险主要是财务的风险,例如客户的拖欠款、国际旅游业务的汇兑损失、违约等造成的旅游企业的经济损失。

客户的拖欠款是旅游企业在组织奖励旅游活动中最常见发生的财务损失。一般的奖励旅游客户都是和旅游企业签约的大客户,其付款周期为1~3个月(不同的旅游企业针对不同的客户会有所不同),很少提前付款。尽管有这么长的付款周期,大部分客户仍不能按时缴付,这无疑增加了旅游企业的财务负担,减缓了资金周转率,增加了旅游企业的经济风险。

汇兑损失与一般活动中的汇率风险一致。因为汇率变动受整个大经济环境的影响,所以由于汇率变动所产生的损失是不可预测的。

违约所造成的经济损失是巨大的。在一般奖励旅游活动中,客户违约的概率并不高,然而一旦发生,其所造成的损失便是巨大的。奖励旅游的签约客户一般与旅游企业签订的都是年度合同,在每次奖励活动出发之前,负责奖励旅游的部门会给旅游企业下一个采购订单,相当于合同。而合同中大部分的条款是有利于客户而不是旅游企业,旅游企业只能被动地接受,其风险系数自然高于普通的公民旅游。

2）政治方面

政治方面的风险主要包括因各国意识形态的不同所产生的风险以及签证过程中无法预料的风险。

签证是出境旅游活动的关键部分,是国与国之间外交的重要环节,不是个人因素所能控制的。签证无法通过,整个奖励旅游项目就无法实施,这不仅会造成旅游企业的利润损失,同时也会降低客户对旅游企业的信任度。

3）安全方面

安全方面的风险是所有旅游活动都会遇到的。旅游活动具有较大的时间和空间跨度,会接触到社会的各个方面,遇到各种问题。社会治安状况以及旅游企业工作人员和参与旅游活动的旅游者的食物,都可能使人身及财产安全受到损失。这些不确定因素就构成了旅游企业经营奖励旅游活动过程中的人身及财产安全的风险。

4）社会文化方面

由于各个国家、地区间的风俗习惯和民族禁忌有所不同，所以在奖励旅游活动过程中，难免会因旅游者对当地风俗的不了解而导致与当地的民众之间产生矛盾和冲突，这也是奖励旅游活动的风险之一。

7.3.2 奖励旅游风险的控制与规避

对奖励旅游的风险进行控制与规避之前，要首先对可能产生的风险进行识别，然后进行风险的预测和评价，最后进行控制与处理。旅游企业的一系列风险管理措施都要靠控制与管理来实现。

对于不同类型的风险，控制、处理与规避的方法也不相同。

①为降低旅游企业的财务风险，旅游企业要经常分析财务报表，及时发现问题；制定有效的信用制度；尽量做到"先付款、后接待"，减少应收账款的数额；提取合理的坏账准备金；准备适度的流动资金，防止财务危机；采用合理的定价及催款制度，有效规避外汇风险。

②对于政治方面的风险，旅游企业无法处理，只能采取行之有效的手段进行规避。例如，在客户要求前往旅游目的地国家（或地区）之前，对该目的地的政治环境进行全方位的了解和掌握，特别是与本国的外交关系，并由此给出合理化建议。

③安全方面的风险有些是可以通过旅游企业的前期防范进行规避的。但由于一些突发事件和不可抗力因素而造成的旅游者和旅游企业工作人员的人身及财产方面的损失是无法防范的。对此旅游企业可以在出发前为旅游者和工作人员购买保险，以降低损失。

④由于社会文化的不同而产生的风险也是不容忽视的，故在奖励旅游出发前，旅游企业要给客人做好出团手册，将旅游目的地的社会文化等方面的相关信息告知客人，让客人提前了解目的地的风俗习惯及民族禁忌，这样就可以很好地规避这方面的风险。

【本章小结】

奖励旅游活动需要政府在政策和市场规范管理方面的支持，在活动执行过程中，往往面临着各种安全和风险问题，需要中介机构和企业加强预防并做好应急处理。

【思考与练习】

1. 奖励旅游需要政府哪些方面的组织管理？
2. 奖励旅游活动中面临的安全问题及应对策略有哪些？
3. 奖励旅游过程中将面临哪些风险，应如何规避？

[1] 付晓.健康安全先行 2021 年会议和奖励旅游行业调查[J].中国会展(中国会议),2022 (8):34-37.

[2] 位亚男.再展澳式风采 访澳大利亚旅游局亚洲市场及国际航司业务执行总经理何安哲 (Andrew Hogg),澳大利亚旅游局北亚区商务会奖旅游总监陈俐呈(LC Tan)[J].中国会展 (中国会议),2022(6):32-35.

[3] 孙行,杨亚雯.国际旅游岛与自由贸易港建设背景下三亚会奖旅游目的地发展策略探究 [J].中国市场,2022(2):17-19.

[4] 罗灵.会展旅游生态环境承载力与经济发展之间的关系研究[J].环境工程,2022,40 (1):242.

[5] 狮城 MICE 展望——解锁 2021 年会奖旅游新趋势[J].中国会展(中国会议),2021(6): 72-73.

[6] 何祥.成都市会奖旅游发展提升策略研究[J].中国西部,2021(4):57-62.

[7] 陈锋仪,艾欣.会奖旅游业发展研究进展[J].绿色科技,2020(21):199-200,207.

[8] 赵艳丰.打破我国奖励旅游发展的瓶颈(上)[J].中国会展(中国会议),2020(6):44-47.

[9] 赵艳丰.打破我国奖励旅游发展的瓶颈(下)[J].中国会展(中国会议),2020(8):44-47.

[10] MARIA L,裴超.大放异彩的奖励旅游 谈会奖旅游业的发展[J].中国会展(中国会议), 2019(24):70-75.

[11] 非凡之旅 康宝莱团队游香港活动侧记[J].中国会展(中国会议),2019(18):78-79.

[12] 亚太奖励旅游及会议展览会(AIME)[J].中国社会组织,2019(17):36-37.

[13] 毛洋洋.我国奖励旅游现状及对策[J].合作经济与科技,2019(16):26-27.

[14] 2019 亚太奖励旅游及会议展览会 更多创新 值得期待[J].中国社会组织,2018(17): 62-63.

[15] 迪迪尔·斯卡利莱.奖励旅游的价值所在[J].中国社会组织,2018(23):52-53.

[16] 杜媛.我国奖励旅游发展的障碍分析研究[J].商,2016(19):296.

[17] 杨欣.试论奖励旅游在我国的实践[J].山东工会论坛,2016,22(01):78-80.

[18] 马卓亚.浅谈我国奖励旅游的发展现状及对策研究[J].现代营销(下旬刊),2015(01): 59-60.

[19] 刘顾.经济变革 2015 奖励旅游人均要花 4000 美元——奖励旅游研究基金会年度报告

（上）[J].中国会展,2015(10):34-39.

[20] 李晓莉,保继刚.期望、感知与效果:来自奖励旅游者的实证调查[J].旅游学刊,2015(10):60-69.

[21] 袁远.新会风下的2013会议与奖励旅游市场[N].中国贸易报,2014-01-14(008).

[22] 敖勇.奖励旅游在我国大型企业的应用研究[D].南昌:南昌大学,2013.

[23] 李晓莉,刘松萍.需求视角下奖励旅游组织市场的实证分析[J].旅游学刊,2013,28(1):107-113.

[24] 王欣.对广州旅行社奖励旅游活动策划的分析[J].教育教学论坛,2013(29):158-160.

[25] 蔡梅良,张玲霞.奖励旅游市场需求行为分异及发展策略研究[J].湖南商学院学报,2012,19(4):71-77.

[26] 季玉群,刘敏.企业推行奖励旅游的制度探析[J].江苏商论,2012(6):103-107.

[27] 李晓莉.中国奖励旅游经营的特征、问题与思考——基于旅行社的访谈分析[J].旅游学刊,2011,26(11):46-51.

[28] 吴开军.会展产业链刍议[J].科技管理研究,2011,31(3):168-170,177.

[29] 邵林涛.旅行社开发奖励旅游市场研究[J].中国商贸,2010(28):151-152.

[30] 雒晓晓.奖励旅游对员工的激励绩效研究[D].北京:北京第二外国语学院,2009.

[31] 刘勇.我国奖励旅游发展滞后的原因及对策[J].商业时代,2009(31):114-115.

[32] 彭顺生.论奖励旅游在现代企业管理中的作用及其实现途径[J].管理观察,2009(6):85-87.

[33] 陈家喻.奖励旅游之游程操作研究[D].台北:世新大学,2008.

[34] 刘少湃,蓝星.奖励旅游生命周期模型的构建[J].商业研究,2007(11):155-159.

[35] 高静,刘春济.试论我国奖励旅游市场开发——从奖励旅游的内部特征出发[J].桂林旅游高等专科学校学报,2006(1):68-71.

[36] 王保伦,王蕊.会展旅游产业链的本质分析[J].北京第二外国语学院学报,2006(5):76-80.

[37] 董媛.奖励旅游产品实施效应研究——以重庆奖励旅游市场为例[J].旅游学刊,2006(5):33-36.

[38] 张文建.试论奖励旅游与生产者服务[J].旅游科学,2005,19(1):58-62.

[39] 高静.国内外奖励旅游发展比较研究[D].上海:上海师范大学,2004.

[40] 孙中伟,邵立威,武红.奖励旅游基本理论与国内市场发育现状分析[J].石家庄师范专科学校学报,2003(6):59-62.

[41] 刘春济,朱海森.我国商务旅游及其市场开发策略探讨[J].旅游科学,2003(03):37-40.